议论文

思维导引与时代写作

谢剑伟

/

著

图书在版编目（CIP）数据

议论文思维导引与时代写作 / 谢剑伟著 . 一上海：上海科学技术文献出版社 ,2022
ISBN 978-7-5439-8469-1

Ⅰ.①议… Ⅱ.①谢… Ⅲ.①议论文—写作—高中—教学参考资料 Ⅳ.① G634.343

中国版本图书馆 CIP 数据核字 (2021) 第 217560 号

选题策划：张　树
责任编辑：王　珺
封面设计：留白文化

议论文思维导引与时代写作
YILUNWEN SIWEI DAOYIN YU SHIDAI XIEZUO
谢剑伟　著
出版发行：上海科学技术文献出版社
地　　址：上海市长乐路 746 号
邮政编码：200040
经　　销：全国新华书店
印　　刷：常熟市人民印刷有限公司
开　　本：720mm×1000mm　1/16
印　　张：14
字　　数：220 000
版　　次：2022 年 1 月第 1 版　2022 年 1 月第 1 次印刷
书　　号：ISBN 978-7-5439-8469-1
定　　价：58.00 元
http://www.sstlp.com

　　谢剑伟，上海市崇明中学语文教研组长，崇明区语文学科带头人。曾获全国中学语文教学研究会教学设计比赛一等奖、上海市园丁奖、上海市基础教育十佳教学之星、上海市优秀班主任、崇明青年风采大赛冠军、崇明区教育系统十大青年才俊等荣誉称号。在《语文建设》《中学语文教学参考》《思想·理论·教育》《读写月报》《语文学习报》《上海中学生报》等报纸杂志发表文章40余篇。主编《新高考新思路高中母题阅读与写作》（三辑），参写（参编）《古诗词200首》《哲学思辨与议论文写作二十课》《古代散文联璧百篇》《为"主动学"而教》等著作。

序 一

坐驰可以役万里

詹艾斌

随着新时代教育改革的进一步深化,语文教育,尤其是作文教学,已不再囿于语言的表达和书面文字的形成,而更加倾向于对学生思维品质的引导和生命质地的提升。然而,当前高中生的议论文写作面临的一个重要问题就在于,学生头脑中的知识往往只是简单堆砌,而非遵循逻辑的串联,极易导致其思维方式的僵化。突破这一困境的方法并不是孤立的,追根溯源,还是得回归语文教育的本质:语文教育的最高形态是文学教育,文学教育的理想形态是生命教育,生命教育的魂魄是德行培育。而德行培育,恰恰为学生也包括我们自己得以一步步走出局限、打破思想的平庸,从而走向丰盈的生命道路提供了可能。

诉求语文学科的高质量发展,必须构建语文教育教学的新格局,这,有赖于生命个体内在生发的自我要求,即教师和学生观念与思想的革新,也是新的历史时代赋予语文学科的新要求。我们要在坚韧追求德行养成的基础上,感受思维之美,感受可能存在的因为思想和智慧所带来的对人生价值选择的冲击,并对之做出具有合理性的价值判断与价值选择。这不仅是对成长中的学生而言,教

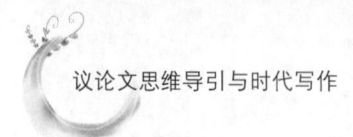

师更应如此。语文教育教学,尤其是以说理性为主要特征的议论文写作教学,在很大程度上便是基于这样一个培思铸魂的育人根本点来展开的。只有找准了根本立足点,写作教学才能真正摆脱单一的知识授受层面,而具有了上升为思维品质尤其是批判性思考力的培养上的可能;如是,才能更多地关注人的内在生命品格,指向人的生命成长与发展,从而也就有了更为广阔的育人空间,进一步助推学生实现思想的飞翔与灵魂的腾跃。

　　人之所以能持续不断地向前发展,从根本上说,要借助于思想和实践的"双腿"行走。而要想在思想和实践上都取得具有突破性的质的进步,既需要立足现实,从实践中阐发经验,凝练认识,也同样需要有明确而科学的前瞻意识、阔大而合理的理论质地,更好地对实践加以指导。因此,理论设计是重要而关键的一步。其要求教师从丰富的教学实践中提炼出颇具理论性的思考,为学生的写作提供更具思想高度的引导。《议论文思维导引与时代写作》这本书,可谓"意匠惨淡经营中",让人从字里行间深刻感受到谢剑伟老师的教学匠心及其沉毅厚重的育人情怀。书中有诸多逻辑缜密的教学设计和丰富多样的实践课例,甚至从章节版块的设计里,也能让人粗略构思出一堂主题作文课的框架脉络。而在这背后所显现的,是作者颇为深厚的学科素养和处处留心的教学情怀。

　　议论文写作的真正价值,在很大程度上是要给予学生灵魂深处的导引,进一步说,要在引导学生不断思考的过程中,从局促庸常的现实生活向波澜壮阔的彼岸世界发出追寻。在《请你相信自己的翅膀》中,谢剑伟老师以学生耳熟能详的歌曲《隐形的翅膀》为引,带领学生思考还原"翅膀""树枝"等比喻中的本体,使其明确自身的能力素养才是应对充满着不确定的外部世界的关键,从而将课堂聚焦于"自身与外界的关系"这一核心话题上,激励学生不断体认自我、超越自我,追求与时代相匹配的、能够推动人的内在心灵成长的最活跃而恰当的生长方式。无独有偶,在《占有诗书与丰富心灵》一课中,谢剑伟老师立足当下迅猛发展的消费经济语境,构建"占有物质"与"拥有精神"的二元辩证关系,强调人除了奔波忙碌于物质生活之外,更应当改善和提升自身的精神文化生活,化"占有"为"拥有",找寻到生命深处充盈着的幸福感。阅读写作如此,教育亦是。只有内在的精神世界呈现出充盈饱满的状态,我们才能够获得更为广阔的生命生长空间。如果少了对非日常世界中灵魂深处的生命状态的专注,那么教育也就难以实现真正的飞翔。

议论文写作，寻求的是对事物本质的根本性理解；议论文写作教学，也就意味着引导学生在形成更好的认知与判断的基础上，生发出"向着光，创造光，成为光"的力量。为了培养理想的"人"，在第四章"时代使命"中，作者对"网红医生"张文宏身上的优秀品质予以高度赞扬，而这恰是其对生命敬畏的体现。"生命"一词，有着两种基本的含义：其一，是对生物意义上的个体的鲜活生命的尊重和珍惜；其二，则是在我们生活的这个时代里，表现为一种斑斓、恒常而又充溢着当下性的存在。它不仅仅包含着对生命的敬畏，以及在此基础上对于个体生命成长与发展诉求的自觉追求，更体现为一种对于生命共同体意识的明确确立，从而表现出的一种彼此温暖，进而实现生命共同体成长的深层和谐。融于作文教学过程中的生命教育，潜移默化地突显了中华优秀传统文化的情感倾向和价值取向，并且，在这一过程中彰显出更符合工具性与人文性相统一的语文学科基本属性的理论品格，能够更好地引领个体生命的拔节生长。

教师发展是教育改革创新发展的题中应有之义，不仅要遵循一定的组织架构，有效地加以推进，更要在此基础上实现教师发展的自发性与自觉性，即依靠教师主观能动的内驱力，树立内心的自觉规范和自我认同，不断向内探求，向高处攀岩，真正落实"立德树人"这一教育的根本任务。育人，是教育的常态要求，是教育教学中恒常不变的主题。作为高校教师，我在多年的教育改革探索实践中，形成了对于人才培养的基本理念，即希望能培育"六度"兼备的新时代青年。具体而言，其一，曰为明度，即具有格物致知的科学探索精神和锲而不舍的求真态度；其二，是为温度，是希望学生能够树立以人为本的观念，关注人的主体性及其当下发展，以温暖的内心拥抱美好的世界；其三，则是高度，这表现为一种理论与价值取向颇为鲜明的政治文化立场，在中华优秀传统文化的滋养下，受教育者要明确自身的发展方向，保持更高、更合理、更与时俱进的思想站位；其四是厚度，一个生命个体不仅要积极地向外扩张，更要有向内的凝聚，要沉淀深厚的学科素养与学理品质；其五为风度，新时代青年要展现出臻于时代最佳品质的精神面貌，做到文质兼修、知行合一、澄澈清明、向善向美；其六是气度，要着眼于培养学生的人格力量，期望其能塑造宽容博大的生命姿态，氤氲着德行的光辉和温暖。要实现这一育人目标，作为基础的中小学语文教育更需要联动发力、

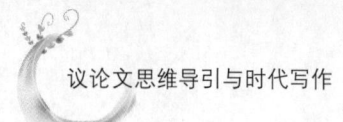

形成合力,为培养出生命和灵魂都趋于卓越的时代新人不懈奋斗。很欣慰的是,在谢剑伟老师的身上,我们看到了努力从暗流涌动的云翳中突围出来的教育之光,也看到了新时代人民教师所应当具备的理论素养与实践品格,更是感受到了明媚、温暖、沉实的教育力量。

　　朱熹有言:"问渠那得清如许?为有源头活水来。"谢剑伟老师从真实的写作教学实践出发,以多元化思维导图的形式开发出一条引导学生正确审题和构思的可行路径,辅以历届学生的优秀范文,如涓涓细流般,流淌着其对教育赤诚而纯粹的期待,彰显着其蓬勃向上的生命状态,充溢着其行进在教育路上矢志而坚韧的力量。

2021 年 9 月 1 日

序 二

从思维方法抵达写作本体

兰保民

谢剑伟老师的大作《议论文思维导引与时代写作》即将出版,嘱我作序,我欣然应允。这倒不是说我有什么资格给人作序,关键是看到谢老师在作文教学方面如此用心,肯下苦功夫去探索、去钻研,力求破解作文教学这一语文教学的传统难题,而且很有心得、很有建树,无形中便受到了鼓舞和激励,实在按捺不住想为他加油助力的冲动,于是就有点小兴奋,骨头轻,也就顾不上去掂量自己所谓什么资格和分量了。

一直以来,作文仿佛就是一个公众话题,好像谁都能讲说一番。每年中考、高考语文科目一结束,网络上、报纸上,铺天盖地,都是这方面的话题。这里边发表意见的,有语文教师,也有其他领域的人士。甚至哪怕你去菜场买菜,或到便利店买点日用品,如果老板恰巧和你比较熟,又知道你是语文教师,大概率也会攀着这个话题和你讲上几句。说来也是的,不就是扯嘛,谁不会呢,况且谈论这个话题,既没风险,也无须什么代价,还能显示一下自己的公共关怀,有事没事插一嘴,打什么紧呢!

而实际上呢，作文还真是一门学问，至于讲谈作文，而且还要谈论出点道道儿来，不至于惹个"你不说我倒还明白，你越说我反而越糊涂"的抢白，而是能让人受到启发，有所收益，能为人指引一些作文入门和进阶的路径，则非行家里手不能为。

我这里所说的行家里手，并不是泛指所有语文老师。恕我直言，其实即便语文老师也不是人人都能上得来作文课的。有的老师也许自己写文章很灵光，可要给别人指点作文津要，却往往不得要领。谓予不信，请看一些家常的作文课就是了：布置一个题目，简单地解一解题，然后就撒手不管了，让学生自行其是；如果上的是作文讲评课呢？那就从审题立意、谋篇布局、选材组材、语言表达几个方面找一些较有典型性的作文片段，印证一下那些放之四海而皆准的写作原理，最后再找一两篇范文读一读，夸一夸亮点，树一树典范，至于学生能学会多少，那就要看他的悟性如何了。

而真正会教作文的行家里手，则要让学生有实实在在的收获的，不管是听了他的课，还是读了他的书，都能够在写作提升的道路上拾级而上，渐入佳境；而不是上不上这堂课，读不读这本书，根本没什么区别，反倒浪费了不少工夫。我认真阅读了谢剑伟老师所写的《议论文思维导引与时代写作》书稿，整体感觉这是一本能够为议论文写作指引门径的好书。

就我粗浅的认识，不管是上课还是写书，总是要有对象意识的。也就是说，对你的听众或读者要有基本的了解，知道他们最常出现的问题在哪里，最需要的又是什么，这才能够让自己该讲什么或写什么，以及该以怎样的方式来表达，做到心中有数。在这一点上，谢老师心中非常清楚。作为一本以青年学生，特别是高中学生为读者对象的作文指导读物，谢老师基于自己多年从事高中语文写作教学的丰富经验，对学生在写作方面的认知短板和实践瓶颈，可以说是了如指掌。因此，书中所写的内容，对提高议论文写作水平，特别具有针对性。尤其是本书以"思维导引"为总领的第一部分，关于如何审题，如何立意，如何分析，在每一个章节中，作者首先对学生经常出现的问题做"思维诊断"。他所做的"诊断"，并不满足于现象的罗列，而是不仅能够比较准确地指出学生在写作实践中经常会犯的错误和暴露出来的问题，而且还深入思维层面，对这些错误和问题进行深度剖析，揭示出其背后的思维误区。正因为他的这种"思维诊断"是能够找到"病根儿"的,因此其后所给出的"思维导引"就特别有针对性,应该说也就会特别有效。

写作,无论是写议论文还是写记叙文,真不是简单地宣讲一些静态化的知识——比如上面所说的那些审题立意、谋篇布局、选材组材、语言表达方面的写作原理——就能够解决的。那些在很多有关写作的读物中被人抄来抄去的"写作原理",作为静态的文章学知识,其实对于提高写作能力来说,不见得会有多大作用,既无益于学生思维品质和表达水平的提高,当然也无益于学生精神生命的成长。就我的理解,只有那些能够与学生的学习经验对接,直接撬动学生的认知与情意动机,从而使学生对写作的理解深度,以及与写作密切相关的内在精神生命的质量得到发展、提升的写作知识(这里的"知识"是广义概念,包括过程方法、情意态度、思想情感等),对学生才是有意义的。

谢老师很清楚怎样的内容才是对学生真正有用的,因此,在这本书中我们压根儿就看不到那些文章学方面的概念界定和原理阐述。谢老师的兴趣完全不在这里,他更感兴趣的是,在这本书中究竟该讲些什么和怎样去讲,以期对提高学生议论文写作的水平真正有用。因此我们会看到,每一章节在"思维诊断"基础上,就学生的主要问题,他有针对性地给出了"思维导引"。这些导引,不仅是方向性的——比如针对具体的写作内容,可以有选择地使用求同思维、求异思维、分析思维、辩证思维等不同思维方式——而且是方法性的。这些具体的方法,通过具体案例分析呈现出来,就显得特别具有实践操作性,同时也不会让人觉得枯燥、抽象,而是很具体、易理解。更为难得的是,作者在很多章节中给出了一些具有"学习支架"意义的思维工具,比如思维导图、框图、树形图等,这就让人有了可依循的路径,有了可借力的抓手,利于实操,能学得会。可见谢老师真的是一位很有良心的好作者,他写这本书丝毫不是为了凑字数、出成果,而是时时刻刻心里装着读者的,有点儿"文章不写半句空"的意思。

我们都知道,作文的核心要素主要有两个:思维和表达——就议论文教学而言,则是理性的思维和严谨的表达。而从某种意义上来说,"表达"则又是"思维"过程和成果的具体呈现。单纯从章节名称来看,谢剑伟老师的这本书,似乎探讨的也是作文教学的这两个核心问题:思维和表达。第一部分"思维导引",重点讨论的当然是"思维",即在议论文写作中应"如何思考";而第二部分"时

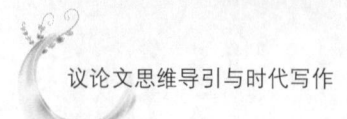

代写作",乍一看好像讨论的是"表达","写作"不就是"书面表达"吗？但用心读过后才发现，这一部分意在引导学生将思维的触角延伸进火热的时代、多彩的生活和丰富的生命体验中，重点讨论的是我们的议论文写作应该"思考什么"。从这个意义上来说，这里的"写作"，就不同于通常意义上的"表达"。也就是说，这里的"写作"，并不纯然是"思维"过程和成果的具体呈现，它本质上是思维借以展开的写作内容和文章本体。

我觉得以"思维导引"和"时代写作"这样两个部分作为全书的内容，而不是面面俱到地去谈议论文写作问题，是本书最大的特点，也是本书最大的亮点。从本书的这种编排方式，我似乎体察到了谢剑伟老师的作文观。作文当然是需要方法和技巧的，无论是审题立意的思维方法，还是选材组材、安排结构、语言表达等各种技巧，对这些如果一窍不通，写作确实是兜不转的。但是仅在方法上兜圈子，而不能够让学生将写作与时代生活、大千世界和自己的生命体验在心灵层面建立起联系，不能让学生将写作与他的精神生命的成长对接起来，即便他掌握了很多写作的方法和技巧，恐怕也是无济于事的。就议论文写作来说，他可能积累了很多论据材料，但如果对时代、对生活、对他人、对世界丝毫无感，缺乏深切的关注，缺乏思考的热情，那么即便他很会"思维"，也只能是"假思维"，绝不会是真正的思维。这样写出来的文章，只能是假大空的文章，绝不会是有真感情、真思想的文章。长此以往，学生的人格成长与发育都会出问题，这就与我们的教育目标严重背离了。

拉拉杂杂讲了这么多，不一定都对，请谢剑伟老师和读者朋友们指正。

2021 年 9 月 1 日

绪 论

思维与思考，议论文写作教学的"可为"空间

一

我是一名草根语文教师，多年教学生涯中留在我记忆深处最清晰的一幕幕，是无数个寂静之夜，在书桌前、台灯下批阅学生作文的情景：有时为一篇文质兼美的好作文而喜出望外，顿时困意全无，倍感"孺子可教"；有时因一篇文理不通，逻辑漏洞百出的作文而感到沮丧无奈，深感教学之路任重而道远。批阅作文总让我内心五味杂陈，指导写作更令我绞尽脑汁，常常苦于无计可施而我却偏向虎山行。

学生怕写作文，老师何尝不是怕教作文啊！写作教学始终是语文老师的一个痛点。一是痛在"无教材"，虽然教材中有写作教学的相关内容，但总感缺乏相对明晰的教学内容和指导路径；二是痛在"无方法"，虽说写作教学积累了许多关于谋篇布局、写作技法等知识，但写作知识的教学如何落实到具体的写作实践？教了写作知识学生就会写作文吗？面对如许困惑，有的老师说，作文是不可教的，有哪个好学生的作文是我们老师教出来的呢！我认为这有一定道理，但语

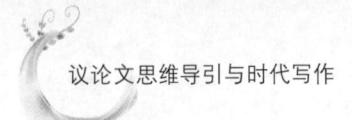

文老师就此放弃作文教学吗？如若不是，语文老师的"应为"和"可为"空间在哪里？

二

一天中午，几位同学急吼吼到我办公室说："谢老师，作文改好了吗？我们等着你讲作文呢！"我说："你们总是不愿写作文怎么却盼着讲作文？"学生说："我们想听听你对这次作文题的理解，为我们打开一扇窗，开拓开拓思路啊！"顿时，我内心的想法更加清晰了，作文教学应该教的是思路。

什么是"思路"？思路是不是指篇章结构、文章框架？是不是指可以运用哪些论据，使用哪些论证方法？是不是如何遣词造句，起承转合？我想是，也不全是。对于大多数学生而言他们是知道"鸡头猪肚豹尾"的，是懂得"起承转合""引议联结"的，是学了"议论文三要素"和例证法、引证法、喻证法、正反对比论证法的。那么，学生所需要的"思路"是什么？

我们回归学生写作现场。学生在写作过程中的主要障碍可概括为两个方面：一是"不知道写什么""不知道写这些对不对"，二是"不知道怎么写""不知道这样写好不好"。前者反映学生写作素材储备之"穷"，包括情感、思想、材料、事理、认知等方面，后者是写作能力之"穷"，包括谋篇布局、写作技巧、语言表达等方面。学生所需要的"思路"大概来自于这两个方面。如何解决这两个问题？从根本而言，是引导学生广泛阅读，丰富生活阅历，以拓展生命体验，夯实思想情感积累，培养语言表达能力，习得写作基本技法。也就是从阅读积累和生活阅历的源头上去解决。从这个角度而言，写作中的问题就不全在写作本身，写作教学也不全在写作教学本身了。可是，如果聚焦写作教学本身，基于写作教学本体而论，教师的"应为"空间在哪里？

三

反思长期以来的写作教学，我们在篇章结构、写作技法等静态写作知识上做出了许多努力，先不论其成效如何，究其实质，我们或多或少有意无意地疏离了写作的本真和写作教学的本真。这是走向新世纪的写作教学从实践与理论两个方面进行自我反思与自我建构的共识性认识。

现代写作教学理论认为，写作的本质是人脑的高级思维活动。先有叶圣陶先生"作者思有路，遵路识斯真"的理念滥觞，后有朱伯石教授的"写作是思维的艺术"之阐发。21世纪初，写作思维理论和写作思维教学理论逐步走向成熟与完善。马正平、朱行能、杨文丰、段建军等写作学学者，对写作思维学提出了许多真知灼见且极具实践操作性的观点理论。近年来，以董毓教授为代表的"批判性思维"研究专家和以余党绪老师为代表的"思辨性写作"实践研究者，又将写作思维与写作思维教学研究推向了新的发展阶段。

2017年教育部研制的《普通高中语文课程标准》，将"思维发展与提升"列为语文学科核心素养之一。"新课标"指出"思维发展与提升是指学生在语文学习过程中，通过语言运用，获得直觉思维、形象思维、逻辑思维、辩证思维和创造思维的发展，促进深刻性、敏捷性、灵活性、批判性和独创性等思维品质的提升"。基于这样的要求和认识，我们回归高中议论文写作教学之本体，其旨归应该在于通过写作活动来提升学生的思维品质，主要促进学生逻辑思维、辩证思维，乃至创造思维的发展。

"新课标"在"学习任务群6"即"思辨性阅读与表达"中指出："学习思辨性阅读和表达，发展实证、推理、批判与发现的能力，增强思维的逻辑性和深刻性，认清事物的本质，辨别是非、善恶、美丑，提高理性思维水平。"从写作教学层面而言，我认为其核心任务是发展学生思辨性表达能力，提高学生理性思维水平。这便是高中议论文写作教学的最基本导向，这一导向关涉到学生表达生命情意的人生发展需要，也关涉到语文教育培养公民理性素养的需要。

四

我们再回到当下高中写作教学的一个基本共识——"过程化写作"指导，它是对以往写作教学关注外在形式与能力点的教学观念的革新与发展。对其基本特征，黄荣华老师做了如下概括："从形式与内容统一的角度，以关注文章整体性生成的'过程化结果'为主要特征。"因此，着眼于文章整体性生成的教学目标，我们可以依据议论文生成过程"审题-立意-成文"这三个基本环节，具体细化这一过程中思维方法的培养。

如何培养高中学生议论文写作中的思辨性表达能力和理性思维水平？根

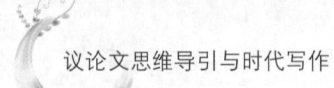

据皮亚杰儿童发展心理学研究的成果，高中生的理性思辨能力接近成人期的抽象逻辑思维形成的发展阶段；因此，本着"因势利导"的教育原则，教学的侧重点就是在"过程化写作"指导中，着力于引导学生自我反思说理过程的合理性与逻辑性，从而促进其思维品质的自我优化，助推其理性思辨能力的主动发展。

如何因势利导，有序优化？首先针对学生写作各环节中存在的主要问题作类似于"现象学"层面的提炼概括，着眼于教师解决问题的难点困惑，依托于教学实践成果和经验反思，提出实践改进层面的应对办法，并尝试从学理性层面进行思维方法的归纳与演绎；力求"问题解决"，力求"实践指导"。

在实践研究中，本人主要借鉴和运用当下两种思维学研究的成果"赋形思维"和"结构性思维"，来优化提升学生的议论文写作思维能力。当下写作思维研究成果可谓琳琅满目，且都具备不同的适用范围和实用价值；而这两类思维研究理论成果有着较高的基础性和普适性，对于学写议论文的高中学生而言具有较强的针对性和适用性。

马正平教授把写作者对自己所要写的文章的主题、立意进行渲染化、造势化、清晰化过程中所运用的思维操作技术称为"赋形思维"。体现在议论文写作教学中，主要应用于审题立意环节。首先是从对材料作文题的审读中聚焦并提炼写作话题，摸清命题者出题意图，然后或对这一"意图"进行强化、渲染，从而证明其合理性；或对这一"话题"进行拓开、对比，从而对材料所含观点进行证伪、补充，或思辨。这一过程中，主要优化和提升学生发散思维和聚合思维的品质；通过研判学生思维问题，对症下药，提供"思维导引"作为策略、方法、路径支撑。

当下风靡职场的王琳老师的主讲课程"结构性思维"，对思维研究的最大价值是为思维赋予当下意义的实践属性，以让思维高效运转。我们可以借鉴"结构性思维"理念，通过铺设思维支架，从横向、纵向等方面拓展学生写作思维的宽度、深度，引导学生学会自主构建"思维链条"，以提升文章说理分析的缜密性、严谨性。

五

如前文所言，提升学生思维能力和思维品质的意义在于帮助学生表达生命情意，培育公民理性精神，这种表达在作文中的体现则是学生能对自我与生命、自我与他人、自我与世界等关系写出富有哲理意味的深刻思考。从这一角度而言，思维是思考的方法、路径和手段，而思考则是思维的成果、终点和目标。

当下议论文写作的对象即思考的内容，不是对某个道理、理论、规律乃至真理，进行抽象说理，而是对与学生生活有所关联的现象、观点进行分析思辨。写作中思考的内容从"空""玄"走向了"真""实"，进一步体现了议论文写作对学生精神发育、文化塑造、德行培养的价值诉求，也即是立德树人的诉求。这一价值取向在这些年的高考作文题中体现得尤为明显。

因此，议论文写作教学不仅要关注思维的问题，也要关注思考的问题，即思考的对象、思考的内容，以及思考背后体现的人生观、世界观、价值观，乃至审美观念、文化立场、家国情怀、人文精神、信仰气质等人的底色性、根本性问题。此外，我们一直主张"文章合为时而著，歌诗合为事而作"。当前高中语文作文题，基本切合了"为时""为事"的特点，体现了鲜明的时代特征。通过这些作文题，学生能够对自己生活的这个时代各抒己见、自由言说，或书写对时代进步的欢欣鼓舞，或表达对社会问题的忧思批判，或畅谈补益时代的对策建言。这样的思考体现出"公共说理"的鲜明特点，是公民素养养成的重要途径。

六

根据以上考虑，此书设计了"思维导引"与"时代写作"两个部分，从"思维"与"思考"这两个角度汇集了我这几年议论文写作教学的实践与思考。"思维导引"部分梳理总结了本人在写作思维培养中的一些经验做法，力求体现实用性、可操作性，也许欠缺足够的理论支撑，这也是我今后需要进步的空间。"时代写作"部分主要呈现了近三年来我开展议论文写作教学的案例，这些案例力争体现运用思维方法，努力还原写作过程各环节的思考结果，尽力追求思考的深度与广度，并以我自己的思考来启发学生的思考。

集结成书稿的过程中，经历了我国新冠疫情防控最为严格的时段，经历了承担高三繁重教学任务的学年，也经历了国家"双新"课程落地实施的阶段。每当稍有空隙，我便"争分夺秒"梳理提炼教学心得。在此过程中，我要感谢我的学生们，是他们给了我教学相长的机会！感谢语文组同仁们，是大家的智慧分享启发了我的思考探索！还要感谢李建生老师对本书出版诸事给予的宝贵帮助！尤其感谢詹艾斌和兰保民二位尊师对我的指导和关爱，二位老师拨冗为拙作写序，令我备受鼓舞！

限于本人视野和学养欠缺，书中自有不当之处，唯请读者批评指正！如能对一线老师教学和学生学习有所帮助，则甚感安慰。

谢剑伟
2021年9月10日

目 录

第一部分 思维导引

第一章 如何审题 / 3
    第一节 聚焦话题,让写作回归思考起点 / 3
    第二节 厘清关系,让写作找到思考方向 / 11
    第三节 关联现实,让文章为时为事而作 / 20

第二章 如何立意 / 28
    第一节 运用求同思维写"证明式"立意 / 28
    第二节 运用求异思维写"批驳式"立意 / 35
    第三节 运用辩证思维写"思辨式"立意 / 43

第三章 如何分析 / 50
    第一节 写好本质分析 / 50
    第二节 写好原因分析 / 60
    第三节 写好危害分析 / 71
    第四节 写好价值分析 / 81
    第五节 写好对策分析 / 91

第二部分　时代写作

第一章　自我体认 / 105
　　第一节　请你相信自己的翅膀 / 105
　　第二节　占有诗书与丰富心灵 / 114

第二章　人我之间 / 125
　　第一节　成为别人与成为自己 / 125
　　第二节　展开辩论与保持沉默 / 135

第三章　资讯社会 / 145
　　第一节　多样信息与自以为对 / 145
　　第二节　个人智慧与外界思想 / 154

第四章　时代使命 / 164
　　第一节　网红医生的世俗魅力 / 164
　　第二节　于娱乐时代专注做事 / 174

第五章　面对新知 / 183
　　第一节　切莫用旧知附会新知 / 183
　　第二节　新办法是异想天开吗 / 193

主要参考文献 / 202

第一部分

思维导引

 # 第一章　如何审题

首先,什么是审题?《现代汉语词典》对"审题"一词作如下解释:"做文章或答题前仔细了解题目的要求。"可见,作为写作范畴中的"审题",就是读懂命题者所命之题包含的语言信息,包括了解作文题型,明确作文体裁,把握命题意图。

其次,为什么要审题?审题,是中学议论文写作思维过程的第一个环节。只有准确审题,作文才能扣合题意,否则视为"偏题"。从考试评价角度看,偏题是一种无效写作;从教学训练角度看,偏题很难达成练习的预期效果。

最后,怎么审题?究其本质,审题是考查读题即阅读题目语言信息的能力。就材料作文题型而言,就是要通过读题,准确聚焦写作话题或主题以避免偏题、跑题。在此基础上,厘清作文题材料中各语言要素之间的关系,找到与作文题材料对话的思考空间。

本章节将从三个角度研判学生审题环节中的思维问题,提出克服思维问题的具体办法。

第一节　聚焦话题,让写作回归思考起点

我们常说学生作文是"戴着镣铐跳舞",这副"镣铐"就是出题人将写作意图通过作文题的文字表述传达出来,以此来"限制"学生作文的立意。因此,学

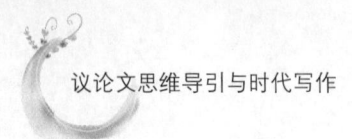

生作文的首要思维活动便是要精准把握作文题语料的意思，进而揣摩命题者的意图，在此基础上进行一场高级思维活动；作文如果超出命题意图的范围，便是一种无效写作。

学生作文有别于自由创作，而不明就里的学生常常出现审题偏误，导致作文偏题。在平时写作练习中，这种情况比较普遍；在高考阅卷中，偏题作文也不在少数，按照阅卷评分标准，凡是偏离题意的作文，都将判为最低得分档。有些写作能力较强的同学也会在审题上出现翻车，以至于考出十分意外的分数。

思维诊断

作文偏题有种种情况和原因，但都跟学生阅读作文题语料和理解写作要求有所偏误有关。有的同学读不懂题目语料，抓不住重点，理解不了命题者的指向和意图。作文偏题也和学生审题过程中思维的偏差有关，有的同学思维凌乱，无法扣住作文题的思考起点来进行深入的有明晰逻辑过程的思考；有的同学原本初步构建起了基于作文题起点的思考过程，但在写作过程中出现了思维"短路"或旁逸斜出，游离了中心。根据教学实践调查结果，在所有偏题作文中，有三类情况比较突出：一是偏离题意；二是曲解概念；三是偷换概念。

1. 偏离题意

所谓"偏离题意"，也就是我们老师常说的"离题"和"偏题"；就是学生写作的主题或话题与出题人所给的题目范围不相符合，或者是貌合神离，以至于文不对题。之所以出现这种情况，概括来说主要有以下几个原因：

（1）照搬原有作文或他人范文写作，也就是我们常说的"宿构"或"套题"作文。一些学生把自己原先写过的看似与作文题相关而实则没有必然关联的作文套用上去；或者把自己背过的范文移花接木到要求写作的题目上去。这类作文在平时作文练习或考试中有不低的比例，反映出学生审题过程的缺失。

（2）抓住文题中的次要信息写作，也就是学生没能抓住题目语料的关键信息写作，作文偏离了题目本身应有的固定内涵和范畴。以2012年上海秋季高考

作文题为例:

人们对自己心灵中闪过的微光,往往会将它舍弃,只因为这是自己的东西。而从天才的作品中,人们却认出了曾被自己舍弃的微光。

有同学抓住"心灵"一词写成一篇"赞美心灵伟大和丰富"的文章,有同学抓住"舍弃"一词写成一篇"人生中该怎样取舍"的文章,等等,都反映出学生读题能力较弱,也就是审题不准的问题。

2. 曲解概念

每一道作文题常常有一两个揭示命意的"核心概念",抓住核心概念方能审准题意,许多同学虽然能够做到抓住"核心概念",但对核心概念在作文题中的语境义却把握不准。以2014年上海秋季高考作文题为例:

你可以选择穿越沙漠的道路和方式,所以你是自由的;你必须穿越沙漠,所以你又是不自由的。

大多数考生能够抓住题中关键词"自由"和"不自由",但却得出了"自由的行为必须受到法律、规则的约束""打破思想禁锢,追求自由创造的人生"等之类偏离材料的立意,显然学生没有理解什么是"选择穿越沙漠的道路和方式"这一语境中的"自由",什么是"必须穿越沙漠"的"不自由"。

3. 偷换概念

学生对作文题材料的理解还可能出现"偷换概念"的问题。比如,写"欲求不满,推动人向上"的观点时,把"欲求"偷换成"欲望";写"退一步海阔天空"的观点时,把"宽容"偷换成"退让",甚至"包庇"之类,等等。作文题中的概念和学生写作时偷换的概念,两者存在语义上的相似,但在词语的情感色彩、适用范围等方面,显然有着巨大差别。因此偷换概念不仅是思维的问题,也是语言素养的问题。

总之,从写作能力来看,主要是学生不会审题;从思维实质而言,则是学生的发散性思维缺乏必要聚焦,即思维过度发散问题。心理学研究表明,高中时期的学生正处于理性思维迅猛发展但尚未完善的过渡阶段,他们想要理性地思考问题,却常常难以依照严密的逻辑框架将理性思维延展下去,常见的问题就是思维的发散性较强而聚焦性不够,这便导致其不能准确聚焦写作核心话题,或不能一以贯之地聚焦它。

思维导引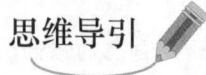

既然学生作文并非等同于完全意义的自由创作,也就是必须符合出题人的意图或者题目的写作范围,这就要求我们要切实加强审题能力的思维训练,即培养学生"读题"的思维能力。解决这一问题的关键是培养学生的思维聚焦(聚合思维)能力,也就是回归题目材料语境,读准材料关键语言信息的内涵。

1. 找到题目材料的核心概念

我们以近10年上海秋季高考作文题为例。这十多年以来的上海高考作文题一直保持材料作文类型,我们可以从这些作文材料中分别提取出一些关键词,也就是作文题的核心概念。如下表:

年份	2012	2013	2014	2015	2016	2017	2018	2019	2020	2021
核心概念	微光、人们和天才	重要、更重要	自由、不自由	坚硬、柔软、和谐自我	他人生活、评价	预测、乐于接受、不以为然	需要、被需要	如何认识事物	转折、无能为力	时间的沉淀、事物的价值

这些核心概念,是命题人在作文材料中给出的供考生思考,和命题人对话的中心概念,学生作文显然必须紧抓这些关键词来写,我们把这些关键词称为材料的"原核",也就是学生作文只能围绕这个"原核"来展开,不能偷换概念,更不能抓偏或者抓漏"原核"。

我们以2019年上海秋季高考作文题为例:

倾听了不同国家的音乐,接触了不同风格的异域音调,我由此对音乐的"中国味"有了更深刻的感受,从而更有意识地去寻找"中国味"。这段话可以启发人们如何去认识事物。请写一篇文章,谈谈你对上述材料的思考和感悟。

粗读这则材料,许多同学从中提取了"中国味"这个核心概念作为写作的中心话题,于是全文写如何理解和发现"中国味",进而大谈中华文化特点,提出要树立民族文化自信,要发展和传承中华文化,甚至写到反对文化上的崇洋媚外、民族虚无主义等。这样的立意看似抓住了材料的关键内容,但是忽略了题干中"启发人们如何去认识事物"这条提示,它分明指向的是"认识事物"而不是"中国味"这个对象;"如何"一词提示考生应该写"认识事物的方法、途径、规律"。可见,材料中寻找音乐的"中国味"的现象,只是生活中许许多多个认识事物过程中的一个具象、一个案例,题干要求的是从这个"寻找音乐的中国味"的个案中,去提取、抽象出认识事物的普遍方法、规律。由此可知,审题时要完整读题,包括读语料和题干,进而抓住出题者命题的真实指向,即命题人心中的"核心概念",这样才能写出一篇符合题意的作文。

2. 理解题目材料核心概念内涵

以上过程是审题的第一步,做好这一步骤,又有可能会遇到新问题:许多同学虽然能够抓住作文材料的"原核(核心概念)",但写作时往往将材料"原核"抽离出材料,进行脱离语境的理解和界定,因而写出虽然和题目材料有所关联,但似是而非的文章。这就要求我们在抓住"原核"的基础上,读懂"原核"的语境内涵。

以材料作文题"所有伟大的事业,都不会只是马拉松的成绩,而更是接力赛的成果"的审题讨论这一教学片断为例:

师:这则材料有哪些关键信息?

生(齐):伟大事业、马拉松、接力赛

师:它们之间有什么关联?

生1:事业伟大是结果,马拉松和接力赛是原因或过程。

生2:"而更是"突出两个因素中接力赛是主要原因。

师:马拉松和接力赛有什么区别?

生3:马拉松是一个人跑完很长一段路,而接力赛是几个人一起合作。

师:照你的理解,是否可以说材料强调伟大事业不仅是一个人努力的结果,而更是团队合作的结果?

生(齐):对啊!(不少同学还面带疑惑)

师:接力赛确实是团队合作的结果,但他们合作方式和5个人一起打篮球,11个人一起踢足球有什么区别?

生4:打篮球和踢足球是团队个体之间同时努力相互支持;而接力赛强调"接力",有个体之间前赴后继的意思,同时每一棒都努力完成自己的职责,为下一棒接力者创造更好的条件。

生5：我懂了，在这个语境中，出题人所谓的马拉松是指一个人坚持跑完全程，即喻指一个人完成伟大事业；而接力赛是强调伟大事业是靠团队成员前赴后继，相互传承，后者在前者的基础上更进一步，从而一步一步完成伟大事业的。

师：大家终于弄懂了两者的区别，但两者有没有更深层的联系呢？

生6：有啊，就是当事人都要付出自己的努力，用跑马拉松的全力以赴的精神来跑接力赛，这样才能为下一棒奠定好的基础。多人参加的接力赛其实就是多个人相互传承的马拉松！

师：有道理！

从以上课堂教学片断看出，学生试图理解"马拉松"和"接力赛"这两个喻体的比喻义，思维上聚焦到了材料的核心概念；然后学生运用发散思维试图辨析两个核心概念的联系和区别。在理解"接力赛"的内涵时，为了让学生理解其本质内涵，老师拿打篮球、踢足球相比照，从而使学生深刻理解到接力赛不仅强调团队合作，更突出团队成员之间前赴后继，相互接力这一团队合作的独特性。打篮球是团队5个成员同时在场，相互配合；接力赛是团队成员先后发力，共同完成。同是团队合作，打篮球体现"共时性"，而接力赛体现"历时性"。通过这样的概念辨析，就把学生相对发散的思维，聚焦到准确还原作文题材料中核心概念的语境内涵上。（"打篮球"和"接力赛"在团队合作上的区别如下图）

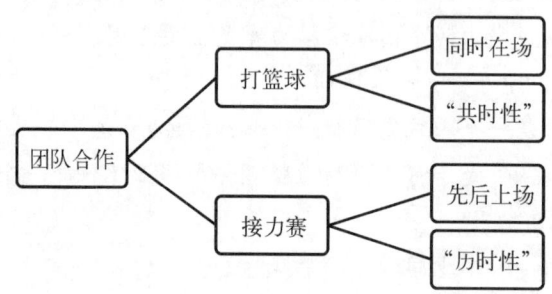

学生审题中的"聚焦话题"，实际上是一个引导学生先准确找到文题材料的核心概念，然后准确理解核心概念的语境义的过程。从思维层面看，是针对学生相对发散的思维状况，逐步引导到读懂题目真实指向的有效聚合的思维状态上来。因此，提升学生聚合思维的品质尤为重要；关键步骤是结合作文题材料所给的语境,准确把握关键词即核心概念的语境义。如果出现多个关键词,还要通过材料的表述来辨析它们之间的关联和区别,从而把握它们的语境义。

这样我们就能够引导学生理解:2014年上海秋季高考作文题中的"自由"不是指个人行为、兴趣、观念、情感的所谓"自由",而是选择道路途径的"自由";2015年上海秋季高考作文题中的"坚硬"不是冷漠无情,没有同情心,而是坚持原则、底线的"坚硬",是追求梦想的执着精神等,只有这个意义上的"坚硬"才是构成内心"和谐自我"的要素。

综上所述,审题时"聚焦话题"的思维全过程,首先是要认真审读作文材料,一句一句读,甚至一个词一个词抠;在此过程中不断圈划重要信息,包括重要动词、名词,乃至有意味的副词、形容词等;然后对这些信息进行辨析,找出材料的核心话题,即讨论的话题、论题;接着根据上述信息解读材料核心概念的语境义;最后确定作文写作立意的角度。

当然这个审题过程很多时候不是一次性完成的,还要有二次审题即反思思维过程是否得当,是否有所偏差,以此形成不断优化的循环性思考的过程。

这一思维过程可用下图表示:

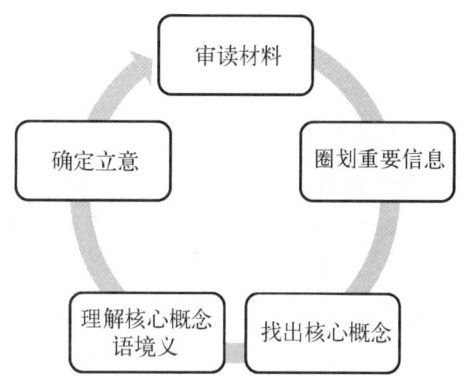

案例分析

❖ **案例1:2016年上海秋季高考作文题**

随着现代社会的发展,人们的生活更容易进入大众视野,评价他人生活变得越来越常见,这些评价对个人和社会的影响也越来越大。人们对"评价他人的生活"这种现象的看法不尽相同。请写一篇文章,谈谈你对这种现象的思考。

可以看出,这道材料作文题分为两个部分,即"现象描述"和"话题概括"。

(1) 看"话题概括"部分。"评价他人生活"和"看法不尽相同"。审题必须聚焦这么几个点:一是"他人生活"。首先是"他人",即不能写自己,对象是"他人";其次是"生活",也就是要写生活,写事业、功绩、品德之类都不是题目谈论的范畴。二是"评价"。是人们对他人生活的评价,意思是指对他人生活中言行、表现等进行判断、分析,并得出结论、观点。三是"看法不尽相同"。不是人们对生活的看法、态度、观念的不同,而是对人们经常"评价他人生活"的现象看法不同;"不同"应该具体体现为赞同、反对、辩证看待这三个基本维度。

(2) 看"现象描述"部分。首先是"现代社会"一词。这是题目限定的时代背景,也是讨论的一个时间范畴,内容的选取应该聚焦在这个时间范围之类,超出这个范畴,谈古人古事而不能关联于当下就是选材上的偏误。其次是"越来越常见"和"影响越来越大"。这是描述现象的普遍性和影响的广泛性、普遍性,而"影响"又分"正面影响"和"负面影响",前者叫"价值意义",后者叫"后果危害"。

根据以上分析,这个题目可聚焦的写作话题是:你如何看待当下日益普遍且影响很大的"评价他人生活"现象。

❖ **案例2:2017年上海某区二模卷作文题**

当今世界,"富有"成为成功的代名词。有人说:"能决定我们是否富有的,不是我们已经得到的,而是我们尚未拥有的;关键在于你的眼光和态度。"请写一篇文章,谈谈你的思考。

面对这个题目,有同学自然想到写成功的话题,例如:什么是成功,怎样获得人生的成功等;有同学会围绕"眼光"或"态度"的话题来写,例如:学习、生活、事业中要有长远眼光、端正态度,等等。这样立意的作文多多少存在着偏题的危险。根本原因是没有全面抓住这则材料的几个关键词:"富有"、"已得"和"未有"、"态度"和"眼光",中心词是"富有"("成功的代名词"),而不是其他。中心话题是:富有是否等同于成功?富有是取决于"已得"还是"未得"?眼光、态度和富有之间有怎样的关系?这样看来,全文立意应该围绕"富有"和

"获得""眼光(态度)"这层关系的角度展开分析。超出这个角度均偏离了命题的意图。

第二节 厘清关系，让写作找到思考方向

再说偏题问题。无论平时考试还是高考，不少同学常常出现这个问题，导致10～20分的丢分，令人痛惜！个中原因何在？

除上一节中所谈问题外，也和作文审题教学和训练上的不到位有关。一方面老师强调抓"关键词"的审题方法，另一方面学生"学得不到家"，往往只抓一个所谓"关键词"而不及其余，这就犯了以偏概全的错误。有些相对复杂的材料作文，题干中往往有多个重要信息、多个关键词语。要确保审题准确，避免偏离题意，就要学会运用"联系"的思维方法，厘清作文题材料中各语言要素之间的关系，从而还原出题者本意，把握材料意图，聚焦中心话题。这样才能做到"戴着镣铐跳好舞"，让作文精准切题。

思维诊断

面对相对复杂的材料作文题，学生审题上往往出现以下问题：

1. 只抓一个关键词而不及其余

抓"关键词"是我们指导学生审题的一个重要方法。但很多作文材料不止有一个"关键词"，还有其他丰富的信息。我们以2017年上海秋季高考作文题为例：

预测，是指事先推测。生活充满变数，有的人乐于接受对生活的预测，有的人则不以为然。

考生很容易抓住这则材料的核心概念（关键词）是"预测"，于是同学围绕它来展开写作，写预测对生活有什么意义价值，历史上出现的种种预测有什么影响，人们为什么要预测，等等。但是这些同学没有看到题中还有"生活充满变数"这

个表述,这一表述意味着"预测"所传递的确定性与"生活"本身所呈现的不确定性之间存在着一定的矛盾冲突。题中还有"接受"和"不以为然"的对比,意味着人们对"预测"看法存在差异和矛盾。只抓"预测"而没有看到其他信息,那必然导致审题不准的问题。究其本质是学生思考不周全,思维的全面性不够。

2. 没有分析材料各部分的关系

材料作文往往由众多信息构成,或多句话,或多则(两则及以上)材料。作文题干中虽然有"选一个角度"或"自选角度"的宽泛要求,但如果片面理解成可以只抓一点(一个词、一句话、一则材料)来写,且不具体厘清各点之间的逻辑关系,就必然导致审题不准。我们看看下面这道作文题:

平淡,意为平静淡泊。有人说平平淡淡才是真,有人则不以为然,认为生当如夏花绚烂。

面对这则材料,有学生通篇写"平平淡淡才是真",或通篇写人生当追求绚烂,即只抓一句话来立意而不论及其他。其实,这样的立意并非偏离题意,只是比较粗浅,缺乏深度,没有深入触及或平淡或绚烂的生活与人的生活境界、生命意义之间的关联,也没有辩证思考"平淡"和"绚烂"之间的统一性、复杂性。

思维导引

目前,高中材料作文大体可分为现象类、观点类、现象+观点类这三个主要类型,还包括漫画作文题、关键词类作文题以及概念相对笼统的"任务驱动型"作文题。针对不同类型材料作文题,我们可以运用"联系"的思维方法(基于找"关系"的思维习惯),逐类找到应对之策。

1. 单一现象类材料作文题——厘清材料句间的逻辑关系

以2012年上海秋考作文题为例:

人们对自己心灵中闪过的微光,往往会将它舍弃,只因为这是自己的东西。而从天才的作品中,人们却认出了曾被自己舍弃的微光。

从这则作文题中我们可以提炼出一个核心概念——"自己的微光",这是一个比喻,我们可以合理还原其本体;还有两个叙述对象:人们、天才,另外一个是"而"。

我们首先应当聚焦本材料的核心词语(概念)——"自己的微光"。通过材料表述中的描述语"心灵中闪过的""曾被自己舍弃的",可以看出,它指自己的某种思想、某个创意、某种品质、某个梦想等等。其次应当读到材料前后两句话通过一个"而"字连接,此处"而"表示转折关系,意为"但是",可见前后两句话构成对比关系。因此这个题目可聚焦为"如何看待普通人舍弃自己微光与天才珍惜自己的微光这一相反现象",而后基于此生成自己作文的立意。

我们还可以再进一步聚焦,即抓住"因为"这个词,它揭示了材料第一组分句群之间是前果后因的关系,可以得出普通人舍弃"自己的微光"是因为对自己东西的不珍惜。从这个角度可进一步理解到,对"自己的微光"是否珍惜是造成"普通人"与"天才"差距的关键因素。

通过对材料句间、词间关系的梳理,我们便可较为准确地把握题目的命意,以此为写作的出发点,便可写出符合题意的作文。

单一现象类的作文题,其句间关系往往可以参照复句关系分析法来分析材料中各单句之间的关联,乃至分析单句之间各语言要素之间的关系,从而把握复杂现象中各元素之间的逻辑联系。这对学生的能力要求并不高,但要坚持培养这种分析句间关系的审题习惯。

这类作文题的审题过程的关键点可用下图表示:

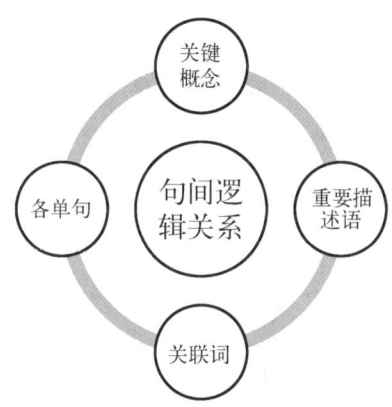

2. 多个现象类材料作文题——找出现象之间的逻辑关系

以2010年上海秋考作文题为例:

丹麦人去钓鱼会随身带一把尺子,钓到鱼,常常用尺子量一量,将不够尺寸

13

的小鱼放回河里。他们说:"让小鱼长大不更好吗?"

两千多年前,我国孟子曾说过:"数罟不入洿池,鱼鳖不可胜食也。"意思是,不要用细密的渔网在池塘里捕捞小鱼,这样才会有更多的鱼。

这道材料作文题提供了中外两个现象,我们可以对这两个现象进行比较,比较的思维方法主要是"求同"与"存异"。从"求同"角度而言,两则都说捕鱼时不要捕捞小鱼,前者为了钓大鱼,后者为了捕到更多鱼;无论是大鱼还是更多鱼,两者愿望看似相异,实则都是为了获得更大的利益。进过比较,我们得出中外捕鱼之道有着本质上相同的做法和目的——放小鱼是为抓更大更多的鱼。可见,两则材料之间其实具有同质性,是从中外两个角度共同诠释相同的道理。

在理解这一点的基础上,我们可以运用类比的方法,由捕鱼联想到相关的社会生活现象来取法"捕鱼之道",如经济发展、文化传承、城市建设、人才培养等领域都不同程度地出现了一些短视行为,为了追求眼前利益而不顾长远利益,为了追求速度效益而忽略质量品位。这显然应引起人们的反思并给予纠正。

当然,多个现象类材料作文题,还有另外一种情况,就是这些现象之间形成相异、相补、相承、相因,甚至相反的关系,我们要认真厘清每道作文题所内含的这种独特关系。总之,审题时通过比较,我们可以发现多则材料之间的内在逻辑联系,然后我们便可基于这种逻辑联系来立意写作。

多个现象之间的关系可用下图表示:

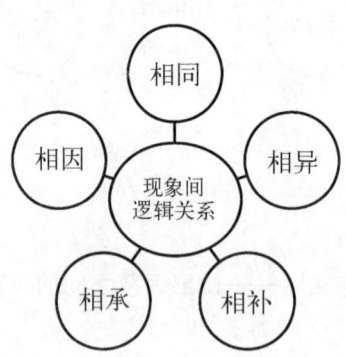

3. 多个观点类材料作文题——把握观点间的对立与统一

以2017年上海某校考试作文题为例：

随着时代的发展，家庭教育渐渐被家长们所重视，于是"不让孩子输在起跑线上"成了一种潮流，胎教、早教、各类兴趣班、培训机构等成了当下的流行，一切要趁早的观念可谓深入人心；然而有的人却认为一切要趁早带给孩子的是一个丧失自由、泯灭天性的灰色童年，这对孩子是不公平的，"还孩子自由"的观念逐渐被人们关注。

这则材料呈现了两个观点，我们可概括为对孩子教育的"趁早论"和"自由论"，审题时这一点比较容易看出两种观点大体构成相反关系。因此，作文立意上有一种相对简单的选择，就是支持其中一方的观点立场而反对另一方的观点立场，也就是对两种对立的观点做出自己的是非、好恶的倾向性判断，然后旗帜鲜明地表明立场，并通过文章去证明自己的立场。这样的审题未尝不失为一种行之有效的办法。

但是仔细分析，对立的观点之间其实有时候有相互一致或部分相同的地方。我们可以尝试从对立的立场中，找出两个看似相反观点的交集，即统一点。回到这个材料中的两个观点，我们不难发现两者之间有统一点：一是都从家长单向度的个人意愿出发；二是其旨归都是为了孩子的发展。

再仔细思考，两个看似矛盾的观点之间还可以找到深层次的联系，可否将"趁早"的心态和"自由"的理念相结合？提出"家长可以趁早给孩子自由发展"的观点，从这个角度写，立意就有新意了。

由此可见，看似相异的现象或观点其实也有可以"统一""转化"的关联，通过对立中寻找统一的思维方法，往往能写出新颖别致的立意，这可能比单纯肯定一方而否定另一方在思考上来得更加深入，更有思维含量。

多个观点之间的联系可用下图表示：

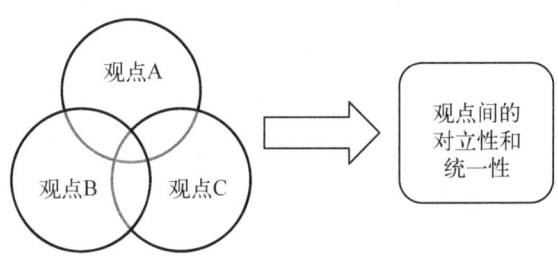

4. 单一概念类材料作文题——联系相关概念作关系阐发

以2019年上海某校高三模考作文题为例：

微信时代，我们进入了"群"的天罗地网。我们享受"群"的欢乐，"群"的浇灌，承受"群"的挤压，"群"的干扰……对此，你有怎样的感受和思考？

这则材料作文题的核心概念是"群"，谈及了群的利好："欢乐""浇灌"，也谈及了群的弊端："挤压""干扰"，可见围绕"群"这个单一概念，透析其利弊是立意的基本出发点。若深入思考，我们会发现"群"的利弊都作用于单个个体之上，也就是说"群"的"欢乐""浇灌"是由群中每个个体来体会和分享的，"群"的"挤压""干扰"也都作用于群中每个个体身上，因而我们可以引申出"群体-个体"这一对概念，对二者关系展开深入思考，也就是可以分析群中个体之间如何"相处"，个体在群中如何"独处"这两个基本问题，以此来思考群对个体发展的影响作用，甚至思考群中个体如何通过自身个体的行为来反作用于群和群中其他个体。这样思考，我们就把"群"这个单一概念延展开来，由单一概念的理解，延展到两个概念之间关系的思辨。通过这样审题，文章的立意便有了更多丰富而深入的思辨空间。

可见，面对单一概念类的材料作文，我们在审题上可以联想到或相关联的概念，或相对立的概念，或相类似的概念；变单一概念为二元概念，通过辨析二元概念之间的关系来拓展作文的思考空间，从而提升作文立意的高度和思辨性。具体思考上，我们可以通过找近义词和找反义词的方法来操作。有的近义词意思相近但情感色彩不同，如"宽容"和"纵容"，对别人宽容不意味着没有底线的纵容；又如"理想"与"幻想"，青年要有远大的理想不意味着鼓励脱离现实环境和自身条件的幻想，等等。

以上是从正向和反向做横向联想，我们还可以从某一概念的上下位做纵向联想。例如写"专业选择"的话题，我们便可联想到它的上位概念"人生志向""人生价值"；写"善良"话题，我们可以联想到上位概念"道德品质"；写"成就自我"可以联想到"自我实现"等等。当然，也可从上位概念联想到下位概念，这里就不多做展开了。

单一概念拓展为二元概念的思维过程可用下图表示：

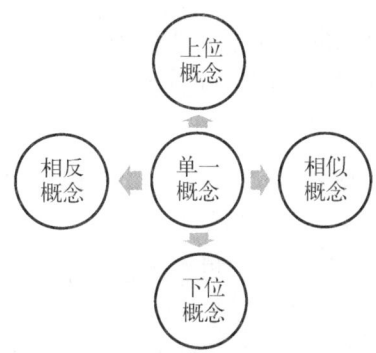

综上所述,材料作文的审题不仅是抓关键词,各类材料作文题均可运用"联系"的思维方法,找到各概念之间的"关系",从而构建合理的思维逻辑过程,在准确把握题旨的基础上写出有深度、有高度、有广度,富有思辨性的文章。

案例分析

1. 作文题解析

作文题:有人说,不要老想着你没有什么,要想到你拥有什么;也有人说,不要老想着你拥有什么,要想着你没有什么。

以上材料引起了你怎样的思考?自选角度,自拟题目,写一篇文章。

这是一道比较典型的多观点类材料作文题。材料中陈述了两个完全相反的观点,即"想着你拥有什么"还是"想着没有什么";而且每个观点内部也构成非此即彼的尖锐对立,即"想着拥有什么"就不要"想着没有什么",另一立场则完全相反。因此我们首先确定写作的基本话题,即"你如何看待'想着拥有什么'还是'想着没有什么'这个问题"。根据以上分析,我们可以选择一种相对明晰简单的立意方法,即主张一方而反对另一方,写一篇基于二元对立立场的文章。这样写能做到观点清晰,立场鲜明,只要能说理到位,也可写成一篇不错的文章。

如果从二元对立中寻找统一的可能性,我们也可以进一步思考:是否"想着拥有什么"就不能同时"想着没有什么",两者是不是无法共存于同一人的头脑

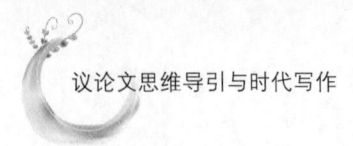

中？显然并非如此。这里至少有以下几种可能：

一是既老想着拥有什么，又同时惦记着没有什么，正所谓"吃着碗里瞧着锅里"的心态。

二是先想着自己拥有什么，再细想自己还缺什么，这是一种永不自满，不断进取的人生态度。

三是先想着自己没有什么，再想想自己拥有什么，这是一种知足常乐的人生境界。

我们还可以进一步打通二者的内在关联，也就是思考"拥有"和"没有"之间的相互转化关系。想着"拥有"的东西，如若一味守成，那么最终可能坐吃山空，"拥有"会化为乌有；想着"没有"的东西，如若仔细分析自身缺少的东西，从中反思原因，进而调整自我，创造条件，那也可以"白手起家"，不断填补人生空白，将自己变得"富有"；如果从"拥有"出发，进一步思考已有的东西的生长性、发展性，我们还可以将"拥有"视为条件，去开创未知、"未有"空间，从而不断壮大"拥有"。

总之，如果能从对立的观点中找到对立"二元"的联系点、统一点、转化点，我们就能发掘出写作更为广大的立意空间，写出更有深度的作文。

2. 学生范文

以所"拥有"追其"未有"

龚馨怡

人生之路漫长，所谓"祸兮福之所倚，福兮祸之所伏"，世事转瞬，得失无常。有多少人穷其毕生追寻，就有多少人安于现状知足。<u>私以为，我们应洞明己所拥有，停缓茫然步伐，在此基础再去争取尚未拥有之物</u>。（亮明观点，从两个观点的统一性立意）

纵览当下"快餐时代"，高速度、高频率的前行，已成为普罗大众"鞭笞"自己"追梦"的代名词，但有多少人真正扪心自问过自己的目标和为之夯实的基础？或许所得到的回答是十几年接受教育过程和多年工作积累之后，所拥有的一张张证书和奖状。诚然，这些可以作为必要条件，但其背后的意义仅是驱从于<u>社会群体效应的"共有"成果，你所追求的梦只是大家的梦，你追梦后手中依然没有拥有属于独立自我的价值实现</u>。我们拥有了那些凭证给我们的镀金外表了吗？答案或许是肯定的，但个体内心依然"居无定所"，我们假"追梦"之名而渴望填补"没有"的青春盲动，换来的依然是空空如也的人生体验。(急于追梦即追求填补"没有"的实质、后果分析)

中国有一句俗语曾言：知足常乐。表面上可理解为想到了已拥有之物便能为之喜悦，而更深一层则可以解释为即使物欲无法得到满足，但精神的富足也足以使人喜悦。(知足常乐即"想着拥有"的实质分析)

导致当下社会对物质的追求不断膨胀从而"欲望"滋生的原因，有以下几点。其一，对我们所拥有之物的忽视昭示了我们茫然、盲目、忙碌的生活现实本身。所谓"失去了才懂得珍惜，而得不到的永远在骚动"，我们已在社会大背景的"白菜化"追寻中不自觉贬低了我们所拥有的事物的价值，从而逐渐忽视。其二，我们内心的空洞助长了我们将目光落于未拥有的事物。我们在羊群效应中被裹挟着索取所未拥有之物，而一旦形成了"己所欲，必争之"的扭曲心理，便"覆水难收"一般恶性循环：将不曾拥有之物收入囊中，却忽视真正价值，内心满足感缺失，周而复始。(欲望滋生即"对未有追求膨胀"的原因和后果分析)

以我之拙见，我们看待暂未拥有的事物，应有"不畏浮云遮望眼，只缘身在最高层"的精神豁达，去拨开物欲横流的浑浊之雾的弥漫。正如黑格尔所言：理想的人物不仅要在物质需要的满足上，还要在精神情趣的满足上得到表现。(对"未有"合理追求的对策建议)

我们应关注我们所拥有的，但并非意味着"停滞不前"与"安于享乐"，物质的繁荣，我们需要；精神的崇高，我们坚持。以"拥有"为基，筑就探索未拥有之物的道路，在追求满足"未有"之路上，保有独立的人格追求，以心之所向，立足自身条件，勇敢跳出俗世盲动的欲望，去追逐专属于自我人生的独立风景吧！(揭示"拥有"和"未有"的辩证关系)

【审题分析】 该同学在看到作文材料中两种说法的矛盾性后，进一步思考了两方辩证统一的可能。文章第一段指出"应洞明己所拥有，停缓茫然步伐，在此基础再去争取尚未拥有之物"。作者思考到了"已有"是追求"未有"的基础这一内在关联。以此为立意，展开分析说理。

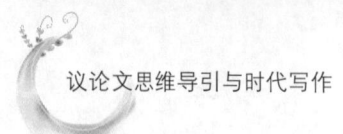

第三节　关联现实，让文章为时为事而作

追求立意深刻、新颖是高中学生议论文写作的一个重要发展目标，也应该是高中写作教学中一贯追求的目标。那么如何写出立意深刻，有独到见解的文章，这需要我们在审题环节上花更多心思，寻求超越写常情常理的高级立意。

当前，学生在写作的审题环节上，主要出现两方面问题：一方面陷入于片面追求立意"高大上"而自身思考能力"矮矬穷"的矛盾，导致学生长期处于怕写作文的不良心态之中；另一方面是经常陷入于冥思道理的窠臼而昧见于作文题对现实生活的关联。此外，教师在审题指导上过于纠缠在要么就事论事，要么就理论理的问题上，不能将事、理与学生真实人生、当下社会现实建立普遍性联系，导致写作与真实生命体验有所隔阂。

因此，我们要学会把作文题目拉到现实生活中去考量，将作文题中蕴含的道理与学生自身的生命体验相关联，这样才能在做到聚焦材料关键信息，厘清各语言要素间关系的基础之上，发现题目材料的时代特征，写出具有现实针对性的好作文。

思维诊断

让我们先回到学生在议论文写作过程中的两个重要问题，从立意角度去追溯审题的问题。

1. 空洞说理

学生在审题时，常常从作文题中抽绎出一些比较宏大的主题（话题），然后围绕这个宏大的话题展开论述。比如面对2018年上海秋季高考作文题，许多同学抓住其中的关键词"需要"或"被需要"来写，于是大写特写要"关注自身的需要"，也要"关注被他人需要"，于是出现这样的立意：生活中要首先满足自己的需要，再去满足别人的需要；在满足别人需要中来满足自我实现的需要。还有，从题中抽象出"自我价值"的话题，于是大谈特谈自我价值的实现就是要实现自己的理想追求，同时自我价值的实现过程中不要忘记社会价值（所谓"我为人人，人人为我"之类的论调）。

这些观点自然有一定合理性，但很大程度上是"正确的废话"，因为这些观点其实是人类历史文化演进中已经被证明的道理，如果立意只是停留于这种不证自明的纯粹道理层面，那文章必然充满"陈词滥调"，无法写出有独特思考乃至有一定新意的观点。例如2016年上海秋季高考作文大量出现三四类卷，其中的许多文章也是犯了这个毛病，这些同学对"评价""评价他人""评价他人生活"的话题纠结于评价有正面和负面之分，评价他人生活要公正客观等问题，进行道理上的分析论述，写出了不少同样类似于"正确的废话"之类的低浅且空洞立意的文章。

2. 刻意拔高

在高中政治这门学科中，同学们学习了"唯物论"和"辩证法"，这对于一个十几岁的孩子而言，是理性认识能力发展过程中的一次重要飞跃。于是许多同学读完作文材料之后，就习惯性地往政治学科中的这些哲理和方法论上去"套"。比如我们经常看到这些观点：要用发展的眼光看问题（针对社会不良现象的作文题），要一分为二看问题（针对有正反观点或复杂现象的作文题），要学会透过现象看本质（适合所有现象类的作文题），等等。

这样的作文，其基本思维过程，是从作文材料中归纳出某条辩证法观点，然后全篇文章证明这条辩证法，这就把一篇语文作文写成了政治小论文，把作文题目中的材料看成了政治学科中的材料分析题中的材料。当然，学科之间并非井水不犯河水，客观来看这种做法有一定合理性，但是这样的作文在审题上是没有充分挖掘出材料文字表达之中所呈现的个性化内容的，即未能把握"这个作文材料"的独特内涵，审题上的偏差还是比较明显的。

除了往哲学原理上刻意拔高，有些作文还朝一些所谓的哲学思想上去"靠"，学生对作文材料还没有理解分析明白，就抬出苏格拉底、海德格尔、尼采等哲学大家的观点来；更有甚者，有些学生并没有认真读过他们的作品，只是断章取义地引入自己积累的来自这些哲学家的名言，来抬高自己的立意，甚至是弥补自己因为缺乏独立思考而产生的认识盲区，颇有点"拉虎皮做大旗"的味道。这自然是不好的文风,也反映出学生审读和理解作文题材料能力不够的问题。

思维导引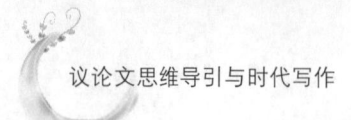

为什么学生作文往往会出现说理上的"空"(写正确的废话)和"高"(证明哲学原理)的问题?这和学生的写作观的偏失有关系。从"为赋新词强说愁"式地刻意夸饰情感,到"语不惊人死不休"般地钟情炫技说理,可以看出有些学生在写作过程中走了一些弯路,这就需要我们用更为科学的写作观,将其拉回到质朴健康的写作道路上来。

现实主义文学有一个基本的写作观,就是"文章合为时而著,歌诗合为事而作"(白居易)。优秀文学作品的产生都有其客观存在的社会和时代背景,经典的论说文更是如此。有的文章针砭时弊,有的廓清认识,有的发展前说,有的建言现实。这启示我们学生要学会用当下的人生、生活、社会的视角来审视题目,建立一种"勾连"现实的意识,即将作文题与现实生活世界产生关联,思考出题人的命题意图和现实针对性。

1. 建立"个别"与"普遍现实"的勾连

高中材料作文题,常常是叙述某个事件、某个现象,即一个"过去时"中的某一个事件、现象,或一个"进行时"中的事件、现象。面对这类作文题,我们可以想一想作文题中的事件或现象在当下是否具有普遍性?如果在当下视域中普遍存在,你如何评判其性质、意义?我们该如何对待这个问题?如果并不是当下视域中的普遍问题,那又该如何评判?是否值得提倡或应该反对?

以下列作文题为例:

"知止"二字作为座右铭高悬于李嘉诚办公室的醒目处,清人曾国藩一生的作为和成就也处处有"止"的烙印。古语云"知行知止,知止而行",意思是要懂得"行",也要懂得"止",懂得"于止中行"。

学生习作片段:

李嘉诚"知止",助其成为一代首富;曾国藩"知止",帮其能成为一朝重臣。究其原因,是他们将"止"作为短暂的休整,而将"行"作为永恒的目标。

古语有云:"知行知止,知止而行。""行"是指追求目标与理想,奔向远方与未来的脚步,"止"则是"行"的途中短暂的休整。现实世界中的我们,应懂得在"小憩片刻"的调整中做好对未来的规划,从而以更加明确的目标,以更好的状态奋勇前进。

不禁想起当下这个"成功学"泛滥的时代,激进的功利主义使得人们只会一味地追求"行"的过程,渴望在缺少目标指引的盲目之"行"中获得成功。"欲速则不达"的道理未曾深入人心,人们却早已舍弃"从容"的灵魂,一腔孤勇地走下去。这样的"行"只能称之为"赶路",而并非"前进"。人们期望从这种方式中获得心灵慰藉,似乎"忙忙碌碌"的状态可以改变"平平凡凡"的前途。然而,忽略了"止"的他们少了一道调整自己的工序,从而失去了长远的目光和一份淡定的心态,因而永远与成功擦肩而过。

(学生习作《于止中行,路益明》)

审题时,作者敏锐发现这个题目的现实针对性,将笔端触碰到了现实,通过对比联想写到当下"成功学"泛滥的社会现状,指出人们一味追求"行"而不知"止"的社会问题,这就将单一孤立的事件现象扩展为普遍的社会现象,让名人的个体行为与当下的普遍现象相勾连,使某个古语和现实社会相勾连,极大地增强了文章的现实批判意义和借鉴启发价值。

古人古事与今人今事相联系,可以运用相似联想,也可运用对比联想,其意义在于以古鉴今,增强说理的现实针对性。今人今事与今世今时相联系,同样可以运用类似的联想思维,或揭示个别正面事件的普遍意义,或批判负面事件的普遍危害。只有将个别性现象拉到现实中来关照,进而思考个别现象的典型性、代表性、普遍性,才能在就事论事、就事说理的内容上更进一步,发掘作文题目的现实指涉效应。这是这类作文题在审题时应该建立的一种自觉意识。

从"个别显现"到"普遍关联"的思维过程如下图:

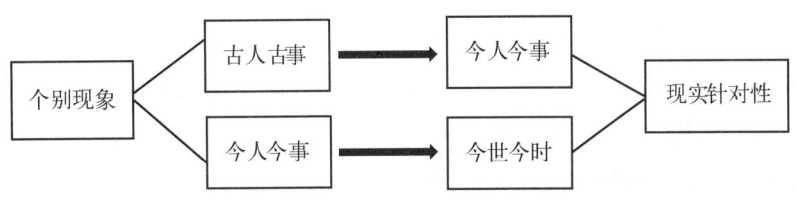

2. 建立"抽象"与"现实具象"的勾连

作文题示例：

人生于世，有的人争权夺利，有的人与世无争。为了争，有的人不择手段，有的人坚守原则，有的人半途而废，有的人坚持不懈。争的结果，有的人功成名就，有的人两手空空。请以"争"为话题，写一篇文章。

这则作文材料实际上是对古今中外人们"争"的行为、方式、过程和结果的高度抽象概括。从道理层面上我们可以做出许多生发与阐述，但如果我们进一步思考，今天我们来写这个作文题，有着怎样的现实所指或影射？

我们就会想到当下从个体到团队，从未成年人到成年人，人类社会各个领域，人生的各个阶段，其中种种"争"的乱象，作文题的文字表述中似乎流露出对当下各种激烈的、扭曲的"争权""争利""争名""争分"等现象的不满和批判。通过这样的审题过程，我们就可以启示自己去写一篇针砭时弊，建言世人的具有时代意义的作文。如此，立意和选材问题也将迎刃而解。

又如作文题：

哲学家柏拉图说："孩子害怕黑暗，情有可原；人生真正的悲剧，是成人害怕光明。"这句话给你怎样的思考和启示？请选一个角度写成一篇不少于800字的文章。

柏拉图的这句名言跨越古今和中外，被世人奉为真理。因此只是从道理上去证明是很难写出新意的。如果我们联系现实，那就可以引发如下思考：当今世界的成人是否存在"害怕光明"的问题？他们害怕的"光明"是什么？

沿着问题寻思下去，我们就会联想到当今社会中存在不少"成人害怕光明"的现象，例如：网络世界里匿名的吐槽与骂战，利欲熏心之人违法违规的"阴暗"行为，"啃老族""见光死""佛系青年""学术造假"等社会中客观存在且应该直面的现实问题。

当然，我们还可以从正面思考：当今社会也有更多心向光明，充满正能量且矢志不渝的劳动者、坚守者和创造者，我们会想到大国工匠，想到道德模范，想到"感动中国"人物，想到抗疫英雄等。

以上思考过程可用下图表示：

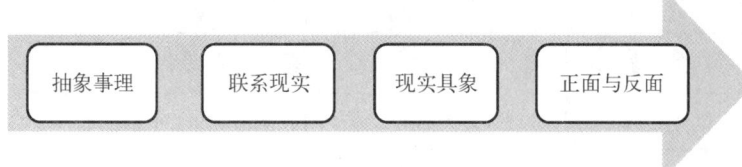

总之，当同学们审题之时，将题目材料中那些"抽象"的事物和道理，与现实社会、当下生活、现实人生产生"勾连"，我们就能发现每个作文题的背后都有丰富、生动的现实之人、事、现象来提供支撑，我们都可以发现其现实的针对性和关联性，我们都可以跳出就事论事、空洞说理的泥淖，从而写出"为时"而作的文章，这样的文章有新意，有针砭，有担当，也有生命力。

案例分析

1. 近十年上海秋季高考作文题的现实关联性分析

历览上海秋季高考作文题，除了2016年的作文题是明确直指现实问题的，其他各年似乎现实指涉性不太显豁，但仔细想来，其实每一道题都无不是对现实社会生活和当下人生境遇的反思和关照。我们将这些作文题目的现实关联性进行如下梳理：

年份	话 题	现 实 关 联
2011	一切会过去和不会过去	对大事件（如512汶川大地震等）给予人们和社会的反思
2012	心灵的微光	对类似于"钱学森之问"等杰出人才培养的反思与时代吁请
2013	重要和更重的事	对社会中人们盲目追求、主次不分，甚至本末倒置的社会现象的揭示
2014	人生的自由和不自由	对人们要认清现实基础，实现自我发展和生命伸张的提醒
2015	心中的坚硬、柔软与和谐自我	对和谐社会建设中人的内心和谐构建的思考

(续表)

年份	话题	现实关联
2016	评价他人生活	对自媒体时代社交平台中人际关系的深度审视
2017	是否接受预测	对社会发展进程提速与人们认知跟进滞后间矛盾的思考
2018	需要和被需要	对新时代背景下"自我价值"中的"利己"与"利他"问题的思考
2019	寻找中国味及对认识事物的启发	对民族复兴背景下立足于文化认同的对比思维方式的提倡
2020	意外转折对事物进程的影响	对面对以新冠疫情为代表的重大突发事件时如何把控事物发展进程的深入思辨
2021	时间的沉淀与认识事物的价值	对世界遭遇百年未有之大变局的时代背景下人们如何认识时间对事物价值的影响的深入思考

2. 案例：架构起"个别具象"与"普遍现实"之间的关联

作文题：

在马戏团做了半辈子的小丑改行了。新工作很体面，是在快餐店里卖汉堡。没有人鼓掌，没有人笑，没有人需要他翻跟头，摔跤，或是做鬼脸。小丑后来写了一封信，寄给当年还在马戏团的自己。信里只写了一句话——"我一切都好，只是想你。"以上材料引发了你哪些联想和思考？请自选角度，自拟标题，写一篇不少于800字的文章（诗歌除外）。

优秀范文：《更好的？更爱的？》

小丑脱下了戴了半辈子的面具，拥抱了"更好的"生活。可当这份对于更好生活的欣喜消散后，他发现更好的却不是他爱的。当他追悔莫及之时却发现，自己的脸已不适合那张面具。他，回不去了。留给他的，只有静静的思念。

生活在一个资本高度发达的社会，我们每天的生活也如一笔笔买卖。有的人用青春换取金钱，有的人用亲情去换取事业等等。生活就如一笔你情我愿、过期不退的买卖，交易的决定权看似握在你的手中，实际上并不完全由你决定。

在一次次抉择中，最让人无法取舍的，便是我们到底选择更好的，还是我们更爱的。的确，或许有时这两者会重叠不必去选择，可大多数时候在鱼和熊掌间,我们只能择其一。

正如前面所说,这次选择早已有了答案。生活在这个世界上,人有太多的东西要背负:有家庭的人要养家,单身的人要买房,贪财的人要捞钱,虚荣的人要出风头……这一切的一切都注定我们中的大多数一定会像一个红了眼的赌徒,用最后拥有的爱去换个翻身的机会。

然而,好的不一定是我们所爱的,我们所爱的不一定是好的。我们爱我们的父母,不是因为他们有多么优秀,而是因为他们是他们。人之所以高贵,便是人有思想与感情,对于我们所拥有的,我们倾注了感情,因而当我们失去所拥有的时候,我们会不舍,会难过。金窝银窝也不如自己的草窝,爱让一些事物获得了超出其本身价值以外的力量。现在的父母都希望子女选择金融管理专业,的确这是出于对未来的考虑。可更好的永远是给别人看的,更爱的才是给自己感受的。人活在物质的世界中,何尝不也活在自我的精神世界里呢?当我们做出决定前,为何不听听自己心灵的声音呢?

如果说用所爱的去交换更好的是一次得不偿失的赌博,还有一些人选择去当掉自己的人格。在复杂的社会中,我们饱受压力,我们不得不磨平自己的棱角,戴上伪善的面具,我们为了更好地生存,变成了曾经让我们最讨厌的模样。在无人的时候,我们揭下面具,发现面具下的我们没有脸——我们忘记了自己原来的样子。《动物农场》中的猪受环境的影响,变成了他们之前最讨厌的人的样子。我们又变成了什么样子?哦,我们没有变,因为忘记了原来样子的我们不会察觉到自己的变化。

当我们面临选择的时候,不要被生活所左右。为何我们要用更爱的人、更爱的自己去换取旁人看来更好的东西?我情愿做那个被人嘲笑的小丑,因为那是在生活,而非生存。

【审题分析】 从文章第二段开始,作者就将思考之笔,触及当今"资本高度发达的社会"和"如同买卖的现实生活",这就将这则寓言故事联系到了社会和人生,把"更好"和"更爱"这个道理上的抽象性思考,聚焦到了具体可感的现实生活,文章顿时就有了现实的针对性。文章论据取材于普遍的现实人生,立意紧扣对当下社会人生状态的反思,写得很接地气,能走近读者内心。这一切都源于作者审题时候,能够在聚焦"更好"和"更爱"这个话题的基础上,迅速将作文材料中的"个别事件"勾连到"普遍现实",一下子就打开了文章思考和选材的空间。

第二章　如何立意

立意,是与审题相伴的一个思维过程,我们常把这个过程合称为"审题立意"。它是在对作文题所提供的语言材料进行还原性阅读的基础上,做出判断,进而寻找对话空间的过程。

王夫之《姜斋诗话》中有言:"无论诗歌与长行文字,俱以意为主。意犹帅也,无帅之兵谓之乌合。"此言揭示了作文立"意"的重要作用:一是"意"为判断文章高下的第一标准;二是"意"是文章语言文采、章法结构、表达技巧等价值得以生成的决定性因素。于漪老师也说:"文章的光彩首先在于思想发光。"可见"意"为文先的重要性。

如何立意?就是围绕作文题所聚焦的话题,真实表达自己的所思所想,提出自己的真知灼见,与命题者和读者对话。叶圣陶先生提出了"立诚"之说,这是对"我手写我心"的正统立意观的发展性论述。它要求作者以诚恳、严肃的态度,有理有据地表达自己真切深刻的思想情感。

本章将围绕立意过程中存在的思维问题,提出优化思维活动的基本策略。

第一节　运用求同思维写"证明式"立意

所谓"证明",是指用可靠的材料来表明或断定人或事物的真实性。在材料作文写作的立意环节中,"证明式"立意是表达对文题材料所持观点或隐含立场的赞同、肯定立场。在议论文写作中,有一类作文题是以某句(几句)名人名言、某个正确观点、某个具有正面价值导向的事件现象等为作文材料,要求学生谈自己的思考。对这类作文题,比较惯常的立意方法是赞同并证明材料观点的正确性、合理性,或是阐述这一正面现象的意义价值。这种立意方法可称之为"证明式"的立意。

思维诊断

我们还是先回到写作现场,从学生在运用"证明式"立意方法的过程中出现的思维问题说起。

1. 立意偏离求证的话题

所谓"偏离求证的话题",是指学生不能准确抓住作文题材料要求证明的核心内容,出现似是而非的论述内容。我们以2013年上海秋考作文题为例:

生活中,大家往往努力做自己认为重要的事情,但世界上似乎总还有更重要的事。这种现象普遍存在,人们对此的思考也不尽相同。

不少同学抓住其中"重要的事"展开立意,认为我们做事情要学会抓重点。显然这些同学没有看到题目材料中"更重要的事"这一点,也没有看到"似乎""思考也不尽相同"这些重要字眼,因而产生了立意的偏差。

2. 立意偏离求证的指向

所谓"偏离求证的指向",即不能从题中材料里抓住正确言论所需要证明的思考指向,因而立意上看似贴合论述话题,但实际上却偏离了论题所指向的、应该着力分析的方向。我们以2015年上海秋考作文题为例:

人的心中总有一些坚硬的东西,也有一些柔软的东西。如何对待它们,将关系到能否造就和谐的自我。

不少同学把论述的重点放在了思考内心"坚硬"与"柔软"的东西"是什么"层面,而这个题目论述的关键点是"如何对待他们,将关系到能否造就和谐的自我",题目内在要求论述的重点在"如何对待"上,即论述"怎么样"以及

"为什么要这么样"上。可见在"坚硬"与"柔软"具体所指的对象和内涵上大做文章,即在"是什么"层面上重点分析,这样的立意比较明显地偏离了题目要求证明的重心,也就是所写作文在思考方向上和题目材料所要求证明的指向上,产生了明显的错位。

思维导引

面对正确言论、观点、现象等这一类材料作文题,首先我们要思考观点或现象的合理性是什么,我们可以从哪些角度来支撑其合理性。也就是要让自己文章的立意吻合题目求证的立场、观点以及论证重心的需要。

从思维方法而言,这是运用"求同"思维,也就是自己作文的立意与材料观点立场之间达成一致性,写作者用自己的想法尽量还原出题人的想法,从而证明题目材料中观点和现象的合理性,并阐释题目材料没有明确言明的具体思考内容。这是写(作文)对读(题目材料)的具体还原。

证明式立意的思维过程如下图:

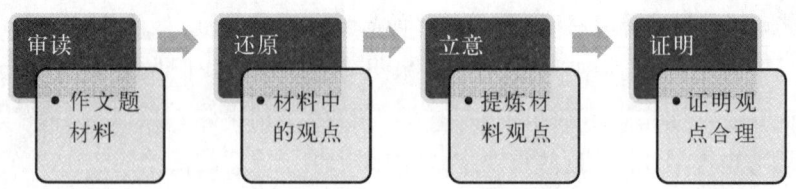

以2018年上海某区一模卷作文题为例作立意分析:

有人说:"人生中最美好的东西应该是希望,而不是现实。"请写一篇文章,谈谈你的思考,题目自拟,不少于800字。

作文题材料是德国作家托马斯·曼的一句名言,有较高的认知度,也为许多人肯定。立意时大多数同学会选择支持这个观点(当然也可以反对或辩证看待)。那么,我们如何运用"求同"思维来全面且缜密地证明这个大多数人都认同的观点呢?依据材料的内容,我们可以从以下两个角度来证明观点:

角度	1. 从为什么"希望是最美好的"入手	2. 从为什么"现实不是最美好的"入手
思考流程	希望之于现实的价值分析	列举不美好的种种现实并做实质分析
	带着希望看现实的价值分析（不带希望看现实的后果分析）	希望高于现实的对比分析（希望之于现实的价值分析）
	看不到现实中的希望的原因分析	没有希望的现实的后果分析
	如何在现实中寻找希望的对策分析	如何通过希望让现实变美好的对策分析

以上两个角度中，一是证明"希望是最美好的"，二是证明"现实不是最美好的"，立意的切入点虽然不同，但是立场一致，即分别从一正一反两个角度来证明材料观点的合理性、正确性。

为什么应该从这两个角度切入分析？主要是要抓住题目材料中的两个词"应该是"和"而不是"，这是两个判断动词，从正反两面指出了"希望是最美好的"，是一种类似于"是A非B"的并列关系逻辑。因此，题目的内在指向应该是要证明这个判断的合理性，那我们自然要问"为什么"它是正确的，也就是要分析希望对于人生的作用、意义，所以论述的重心应当在"希望之于人生的价值意义分析"上，也就是通过分析支撑"希望是最美好的"的理由的角度，来支撑和证明观点。

从这一案例的分析中，我们可以总结出"证明式"立意中运用"求同"思维的基本要点：

1. 抓准需要求证的论点来确定立意

这要建立在准确聚焦作文题材料的中心话题以及材料所表达的观点、立场之上。上述作文材料论述的聚焦点是"最美好的是希望而不是现实"，聚焦了这个论述点，也就确立了立意的基本立场、态度，等于找到了要证明的观点、求证的目标。这是"证明式"立意方法的第一步思考。这种思维过程就如做数学中的证明题，我们要先明确要求证明的结论，然后才能思考要证明这个结论所需要的条件和推理步骤。

2. 针对论点的求证指向来确定分析的角度

分析说理的角度主要包括三个层面，即"是什么""为什么""怎么样"。"是什么"主要包括概念界定、实质分析、立场（观点）确立等思维向度；"为什么"主要包括原因分析、后果分析、价值分析等思维向度;"怎么样"主要包括对策分析、条件分析、案例示范等思维向度。

在"证明式"立意的前提下,每道作文题所需要重点求证的"指向"是有所不同的。有些观点需要我们重点分析观点成立的意义价值(即支撑的理由),也可以分析不认同这一观点所可能产生的后果危害;面对积极正面的事件现象,我们可以分析其形成的原因,还可以指出其正面意义和价值,也可以就如何倡导这一现象提出自己的对策建言等。

例如,要证明"人们无法脱离生活中有形无形的群而独立生存"这一观点,那么求证的"指向"就是群对每个生命个体的价值意义分析,或是人脱离群的危害分析,也就是重点论述"为什么"。如果要证明"人们应该从纷繁复杂的种种'群'中抽身而出以保持个体的独立性"这一观点,那么求证的"指向"便主要集中在群对个体保持独立性有什么危害,人如何做到身处于群却能保持独立性等方面,论述的重心在危害分析和对策分析上,既要分析"为什么",也要分析"怎么样"。

"证明式"立意中选择求证"指向"示意图如下:

回顾上海高考(秋季)近十几年作文题,其中有5年的作文题,比较适合运用"求同"思维来写一道"证明题"。具体分析如下表:

年份	题　干	求证对象（内容）	求证（思考）指向
2010	丹麦人去钓鱼会随身带一把尺子,钓到鱼,常常用尺子量一量,将不够尺寸的小鱼放回河里。他们说:"让小鱼长大不更好吗?"两千多年前,我国孟子曾说过:"数罟不入洿池,鱼鳖	"其中的道理"在生活中具有普世价值	"其中的道理"的是什么(内涵实质分析); "道理"为什么具有普适性(价值意义分析)。

(续表)

年份	题 干	求证对象（内容）	求证（思考）指向
2010	不可胜食也。"意思是，不要用细密的渔网在池塘里捕捞小鱼，这样才会有更多的鱼。实际上，其中的道理也贯穿在我们现实生活中的许多方面。		
2011	犹太王大卫在戒指上刻有一句铭文："一切都会过去。"契诃夫小说中的一个人物在戒指上也刻有一句铭文："一切都不会过去。"这两句寓有深意的铭文，引起了你怎样的思考？	"一切都会过去"和"一切都不会过去"均寓有深意	"会过去"和"不会过去"分别是什么（内涵实质分析）；矛盾的两点是怎么统一的（对策建议分析）。
2014	你可以选择穿越沙漠的道路和方式，所以你是自由的；你必须穿越这片沙漠，所以你又是不自由的。	人既是"自由"的又是"不自由的"准确判断	"自由"和"不自由"分别是什么（内涵实质分析）；怎么样从"不自由"中走向"自由"（对策建议分析）。
2018	生活中，人们不仅关注自身的需要，也时常渴望被他人需要，以体现自己的价值。这种"被需要"的心态普遍存在，对此你有怎样的认识？	人们"需要"和"被需要"的心态是普遍存在的正常现象	什么是"需要"和"被需要"的心态（内涵实质分析）；"被需要"的心态具有怎样的合理性（价值意义分析）。
2020	倾听了不同国家的音乐，接触了不同风格的异域音调，我由此对音乐的"中国味"有了更深刻的感受，从而更有意识地去寻找"中国味"。这段话可以启发人们如何去认识事物。	倾听接触异域文化有助于更深刻感受"中国味"这一现象对人们认识事物的启发	"了解异域文化以助认识自身"这一现象隐含了怎样的方法（实质分析）；这一方法对认识事物有何普遍意义（价值分析）。

案例分析

以下面的作文题和例文为例，分析作者在立意上如何运用"求同"思维证明观点的正确性。

33

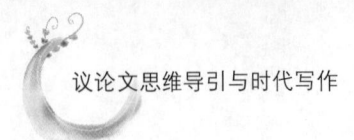

议论文思维导引与时代写作

有人说:"人生中最美好的东西应该是希望,而不是现实。"请写一篇文章,谈谈你的思考,题目自拟,不少于800字。

翘首企盼,仰望星辰
(2018年上海某区一模考一类文)

人之所以区别于其他生物,是因为我们拥有不凡的智慧和思维意识。我们能够审视自我的不足,向往美好并提出希望,而不只是安于现状,仅仅提出希望,仅仅维持每日的饱腹状态。

因而有人说:"人生中最美好的东西应该是希望,而不是现实。"我也以为然。(对作文题材料中的观点表达肯定立场,这是"证明"的起点)现实,指的是我们现在已经拥有的一切,是完全的一种现在的状态。纵览历史,有多少豪杰英雄由于沉溺于现实带来的欢醉中而无法自拔?即使再天赋异禀,沉醉于自我的满足中总是脱不开"泯然众人矣"的落魄结局。因此我们对于现实所要做的,就是不要忘记现实,并以此为基准,提出进一步的希望。(对"现实"进行概念界定,沉醉现实的危害分析,提出观点)

我们要拥有希望,唤醒希望,提出对未来的要求和期盼。"没有希望的民族是生活在黑暗之中的,是没有未来的。"黑格尔早已清楚地认识到了这一点,先不谈民族层面上的希望,其在我们个人层面上也发挥着举足轻重的效用。希望与人,就如茫茫海面上闪烁着灯火的灯塔;就如深落谷底时旁边伸来的救命稻草,这一线线希望,牵引着我们向前,指引着我们前进的方向,挽救我们于不毛之地。(希望之于人生的价值分析一)

苏武牧羊,不知道在渺无人烟的草原上扣留的生活何时结束,而能够支撑着他活下去的,是回国的希望,即使旄节毛已掉光,这依然是他对祖国的无限希望和忠诚信念。这希望能带给我们渡过最艰难困苦的时期,让我们无畏于困难,不言放弃。(举例证明上段分论点)

希望也能让我们永远保持前进的动力。希望鞭策着我们,让更美好的图景吸引着我们,不放下手上的工作继续奋斗。这时的希望,就如同甘露于茁壮的树苗,更能催人努力,信心满满,而对成功的到来更加胸有成竹。(希望之于人生的价值分析二)

我们在人生道路上一直蹒跚前行,道路或平坦或坎坷,但我们一直在不断前进。脚下踩着的土地,便是现实,但我们又何必总是盯住那一块块相似的土地不放呢?蓦然抬头,你会看见璀璨的明星,在苍穹之下闪烁着耀人的光泽。我们不断前行,那点点星辰依然还在前方的头顶上——这就是希望。(总结希望之于人生的价值)

让中国能够在世界上站起来,再不受列强的屈辱,是独立自强的声声呐喊;点燃中国第一支火箭,是十七年的艰苦试验,让中国跻身世界前列。这是伟大复兴的中国梦。现实越来越美好,未来会更好,需要的更是我们用不尽的希望去指引。(希望之于民族的价值分析)

在暗暗黑夜,不妨,翘首企盼,仰望星辰!

【立意分析】文章在第二段明确表明立场,表达对"有人说"之观点的赞同,立意上取了"证明式"立意的角度。在分析过程中,作者充分运用"求同"思维:先从反面入手,论述"沉醉现实"的危害,即从危害分析的指向上展开;接下来重点论述希望对于人生和民族的价值,即进行价值分析。两个思维指向均服务于对作文题材料观点的支持肯定,着力于不断深入的价值分析,从而比较充分地支撑了作文题材料中的观点。

第二节　运用求异思维写"批驳式"立意

所谓"批驳"是指对错误的思想或言行进行质疑、驳斥或否定。在议论文写作立意环节中的"批驳式"立意,主要针对作文题材料里的事实、观点或推理中的偏误、漏洞给予驳斥、否定,进而提出自己的主张的立意方式。当下批判性思维已然成为语文教育中的热门话题,广大一线教师自觉践行培养学生批判性思维的写作教学,成为一种新常态。这些年来,在作文题的命制上比较多地出现就社会发展中的某个问题、某个负面现象、某种有争议的观点、某些盲动潮流来要求学生谈看法的题目。对这类作文题,比较惯常的立意方法是批判现象或观点的偏误之处,以廓清认识,弘扬正能量。

思维诊断

十七八岁的学生满怀书生意气，对社会生活中的不良现象和有争议观点比较敏感，常常"愤世嫉俗"，表现出某种程度上的"道德精神洁癖"。因此，学生一方面喜欢写"批驳式"立意，另一方面又表现出偏激、情绪化和不理性。

1. 思想认识偏激，往往有悖常理

对负面现象、偏误或有争议的观点论调，学生有时会提出明显有悖常情公论的观点，尤其对社会发展中的新兴事物、潮流动向、世俗观点，提出过于严苛且未必合乎常情常理的主张。

以"微信时代，我们进入了'群'的天罗地网。我们享受'群'的欢乐，'群'的浇灌，承受'群'的挤压，'群'的干扰……"这一作文题为例。有同学抓住"挤压""干扰"，大谈退群、"离群索居"之说，一味批评"群"剥夺自由，异化人性，还不如像梭罗一样逃离人世做个隐士。写出这样的立意似乎少年锐气可嘉，但想法却有悖人世常情，也没有太多可借鉴和实践的现实意义。

2. 反驳立场鲜明，只是有论无据

这类学生能够敏锐洞察现象的危害、观点的偏误，能旗帜鲜明高举批判大旗，但却写不出足以批倒谬误的理据，也无充足的论据支撑。

以2017年上海秋考作文题为例：预测，是指事先推测。生活充满变数，有的人乐于接受对生活的预测，有的人则不以为然。不少学生对乐于接受生活预测的现象高举批判大旗，提出人们应该摒弃预测过好自己生活的观点，但在具体分析论述的过程中，无法写出"摒弃"预测的理由，只是一味强调所谓"过好自己生活""经营好自己的人生"的意义。而"摒弃预测"与"过好生活"之间有着怎样的必然关系？道理何在？事实依据又何在？这些关键点许多学生避而不谈。

3. 站位批判立场，缺乏辩证思考

"有的……有的……""有人说……有人说……"之类的材料作文题，往往希望学生能够对不同观点论调进行甄别对话，在此基础上形成自己的立场看法。面对这类作文题，不少学生固执于批判性立意，一味批判某些观点立场的同时，却不能客观冷静看待不同观点的相对合理之处，犯了绝对主义的思维错误，没有学会辩证看问题。

思维导引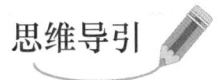

学生的批判性思维是应该着力培养的一种写作思维素养。为了更合理有效培养优化这种思维品质,我们先要认识批判性思维的一个基本属性,这一属性在不少思维研究者眼中,就是一种"求异"思维。从说理层面所说的"求异",主要包括以下三个方面:一是体现在对歪理邪说、歪风邪气的自觉抵制和坚明的反对立场;二是反驳的过程有理有据,且有破有立;三是思考问题时始终保持理性客观,并追求辩证说理。

如何运用"求异"思维进行"批驳式"立意?我们结合不同作文题型来具体说说。

1. 对负面现象、偏误观点的"求异"思维

以2017年上海市某区二模卷作文题为例:

当今社会有一种现象,人们往往习惯首先用怀疑的眼光看待他人,而不是首先思考需不需要怀疑。请写一篇文章,谈谈你对这一现象的思考。

这则作文题抽象地概括了一类社会现象,可表述为:人们习惯性(不思考是否需要)用怀疑眼光看待他人。这显然是一种应该给予批判的不良群体心态、相对消极的社会现象。我们可以参照以下的思考步骤展开批驳:

步骤	角度	问 题	内 容
第一步	本质分析	人们习惯怀疑而不思考需不需要怀疑他人这一现象的实质是什么?	是不客观、非理性行为,是缺乏独立思考的盲从,是自以为是贬低他人的自我中心主义,是人与人之间失衡变异的人际关系等。
第二步	原因分析	人们习惯怀疑而不思考需不需要怀疑他人的原因是什么?	从个体主观而言:不善分辨,盲从他人;缺乏理性,丢失原则信仰、价值标准;对人缺乏信任感等。从社会客观现实来看:现实中乱象假象太多,媒体网络信息真假难辨,社会公信力下降,社会信任危机加剧等。从深层民族心理来看:中国传统文化中的"瞒"和"骗"(鲁迅:"我向来不惮以最坏的恶意揣测中国人")等。

(续表)

步骤	角度	问　题	内　　容
第三步	危害分析	人们习惯怀疑而不思考需不需要怀疑他人会产生怎样的影响和危害？	使人处于孤立无援的境地，局限于单打独斗、孤军奋战、无所适从的个人世界；导致人与人之间关系的隔膜，加剧人与人情感的冷漠、关爱的缺失，让互帮互助、互信互爱的情感纽带断裂；加剧社会的信任危机，出现解构一切、怀疑一切、虚无主义的思潮等。
第四步	对策分析	如何建构科学合理的怀疑观？	弄清事实真相，明白事件前因后果；适度自信与适度怀疑的客观立场；建构信任体系的时代吁请与必备理性素养的培养等。

从以上思考过程来看，对负面现象、偏误观点的批判式立意，可以运用"求异"思维的方法构建这样的思维链条：

一是明确批判的问题、对象，也就是找到批驳的"靶子"；

二是形成批判性思考的严谨思维链条，包括分析负面现象或观点的实质，剖析其成因，揭露其危害，即从驳斥的角度展开分析；

三是提出改进或重建的建议对策，即从对策分析的角度展开思考。

整个过程为先破后立，破立结合。其思维过程可用下图表示：

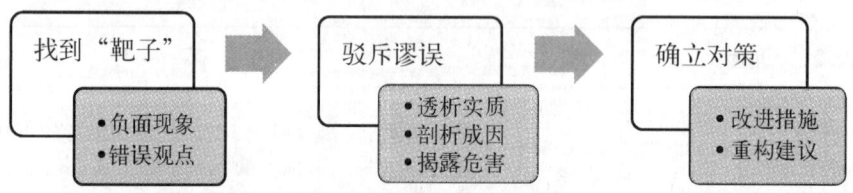

2. 对复杂现象、矛盾观点的"求异"思维

以下列作文题为例：

随着时代的发展，家庭教育渐渐被家长们所重视，于是"不让孩子输在起跑线上"成了一种潮流，胎教、早教、各类兴趣班、培训机构等成了当下的流行，一切要趁早的观念可谓深入人心；然而有的人却认为一切要趁早带给孩子的是一个丧失自由、泯灭天性的灰色童年，这对孩子是不公平的，"还孩子自由"的观念

逐渐被人们关注。请根据以上材料,自选角度,自拟题目,写一篇文章。

这则作文材料呈现了两个矛盾的立场:一面是对孩子的教育要趁早,即"趁早论";一面是要还孩子自由的发展,即"自由论"。两种观点一正一反,肯定一方也就意味着反对另一方,因此,立意的选择无非两种:一是赞同一方,反对另一方(其他方);二是综合两种看法,找到相互联系统一之处。于是,对上则材料我们可以归纳出以下几个立意点:

A. 明确立场,就矛盾观点明确选边站位:

a. 让孩子享受童年自由发展的快乐;

b. 自由发展也需要适度引导教育;

c. 早不是关键,顺"木"之"天"最重要。

B. 辩证思考,寻找两个矛盾立场的统一性:

a. "趁早"树立孩子"自由"发展的观念(取"趁早论"与"自由论"统一点);

b. 变父母"主宰"孩子教育为"导航"孩子发展(取两种观点中都突出父母的"主导"作用的统一点);

c. 与其在孩子发展"起点"上强势主导,不如在孩子发展"拐点"处适时引导(对父母主导作用作辨析补充)。

从以上立意角度我们可以梳理出这类作文题如何运用"求异"思维方法的两个基本点:

一是明确材料中呈现出的对立立场;然后择其一点,鲜明表达支持或反对立场,可以选择世情公论倾向的立场来立意(如Aa),也可对选择的立场进行补充来立意(如Abc)。这种立意旗帜鲜明,褒贬分明,往往能给人以极大的情绪感染和认知重构。特别在大是大非面前,明确自己的立场有时可能比看似辩证其实是非黑白界限模糊的立意更有意义。

二是就材料中的不同观点进行综合考量,通过找到矛盾对立看法中的统一性、同一性来立意(如Babc)。也就是运用矛盾双方既对立又统一的特点,着重挖掘表面看似相互矛盾甚至针锋相对的做法、观点背后所蕴含的交集、重叠部分,然后抓住这点来立意。

以上思维过程如下图:

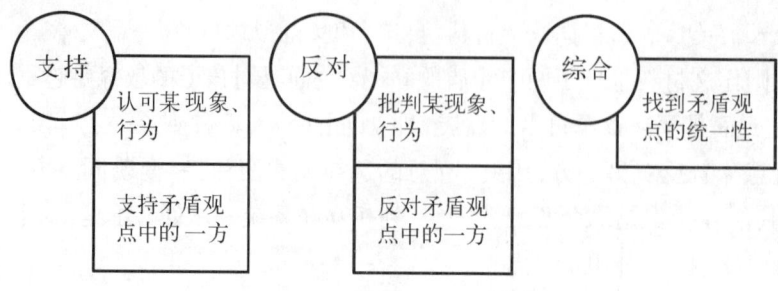

3. 对正面现象、公认观点的"求异"思维

以下列作文题为例：《新序》中写道：其知弥精，其取弥精；其知弥粗，其取弥粗。写一篇文章谈谈你对这段话的理解。

这则材料取自《新序》中的《宋人有得玉者》，此句作为文章的结尾是点睛之笔，成为后世所尊奉的公论。对这个作文题目的立意，我们可以从正向肯定其合理性，即以"一个人的知识学养决定其行为、取舍"为基本立场来展开分析，也可以从反向思考质疑：知识学养是否就是一个人行为价值取向的依据？现实世界中有高学历的"野蛮人"，高学历犯罪，历史上也有高学历者成为纳粹德国侵略世界野心的执行者等等。由此可见，个人行为取向往往不完全取决于一个人的知识学养，世界观、人生观、价值观才是行为取向的决定性因素。

据此，我们可以总结在这类作文题的立意中运用"求异"思维方法的基本思考过程：

一是透视"公论"，在看到其合理性的前提下，更要发现公论的局限性；然后对其提出质疑，找出其道理上的漏洞、不足等。

二是完善"公论"，针对其漏洞和局限进行思考的延展、补充，即对公论进行修订，以使其更加合理，更具有普世价值。

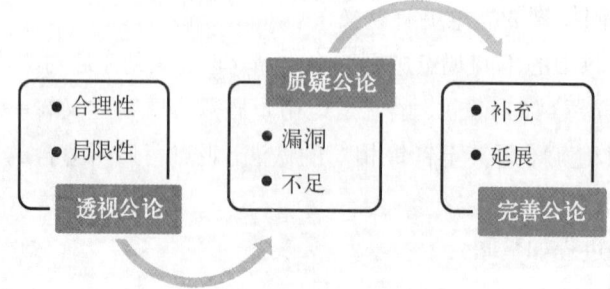

40

案例分析

2017年上海某区高三模考作文题：当今社会有一种现象，人们往往习惯首先用怀疑的眼光看待他人，而不是首先思考需不需要怀疑。请写一篇文章，谈谈你对这一现象的思考。

怀疑的时代需要价值聚拢
吴彩旋

"怀疑"，顾名思义，意为怀揣疑问。人们如今养成了首先用怀疑的眼光看向他人的习惯，而不思考需不需要怀疑，于是社会的空气变得有点剑拔弩张。徐贲在《怀疑的时代需要怎样的信仰》中着重提出了"信仰"二字，其实是在说我们信仰缺失。

在中国这样较稳定的社会结构之下，再加上网络时代信息爆炸的背景，人们时刻面临挑战与机遇。但正是因为社会结构的稳定，乃至各个阶层（尤其是从下往上）的流动相对较少，我们很难看到完全改变自身命运的曙光。由此，人心难以稳定，社会小冲突的发生也让人更加频繁地向外界发出"怀疑"的信号：我不相信。从而，这样的胡思乱想又给人们一个持久的惯性，养成了首先怀疑他人的条件反射。

在这样的条件反射基础上，"他人"与"我"之间的信赖关系便被弱化了。这种信赖关系的维持基础之一便是"信仰"，若再将"信仰"二字窄化了看，那么我们缺失的，是统一而不唯一的价值取向。

此处提到"统一而不唯一"的意义是：价值观不是完完全全相同，而是有统一的聚拢真善美的趋势。人们忘记思考怀疑的存在价值，原因之一是人我的价值观有断层。在如此信息过度透明并且仅作单向度、片层化传播的社会中，我们关注的对象从历史长河之头的自然万物，变为如今的人我关系。在关注周边自然的时代中，"怀疑"是一种进步体现，而不经思考便加以怀疑也可以用"好奇"二字来囊括，但是放之现在，人我的价值取向被接收的不同信息巧妙分流了。我们用一样的微博，但若你关注社会时政，而我只关注民间新闻发布平台，那么你的价值取向也许会将你塑造成为一个公共知识分子，而"我"则可以成为一名无脑愤青。价值取向的不同使"我"在看到别人时开始进行无端的怀疑，甚至不再去思考怀疑的合理性，因为不同的价值取向早已把"你我"分殊成了两个极端的团体。

同时，这种怀疑的潮流也影响了整个社会的潮流，这就是为什么你会看到如今这种怀疑现象的原因。人们信赖"人与人之间不信赖"的关系，多么可笑。因而我们要尽力使价值观聚拢。

"怀疑"的存在带给社会不断进步的空间，但也拉大了人我之间的距离。所以我认为，在"怀疑"之前要思考怀疑存在的价值，在怀疑之后则还要进一步思考"该怎么做"，这才是社会朝一个点聚拢而不是发散的关键。

点评： 文章由界定"怀疑"起笔，切入材料所述现象。论证过程中，先对"怀疑他人"做两个层面的归因分析，由此推导所导致的危害，并引用"信仰"这一核心概念，同时又对核心概念做深入细致地界定与分析，由此得出"怀疑的时代需要价值聚拢"的结论。全文紧扣材料做深入分析与推进，语言朴实而思考深刻，有很强的当下意义。

以理性思考对抗平庸的恶

顾怡赟

徐贲称当今社会是一个"怀疑的时代"，私以为，怀疑应分为合理质疑与盲目怀疑两种。显然，前者是经过思考后的合理行为，而后者则实际是一种理性焦虑，遗憾的是这种抵触思考的行为模式已然主导当下的社会思潮，因而亟须以理性思考来对抗这股日益妖魔化的社会风气。

怀疑就其本质而言是人类深度思考后的产物，是一种探索精神与创新潜质。然而，一旦脱离了理性思考，人们就容易滋生盲目怀疑的抵触和消极心理，即犬儒型怀疑主义，与之相伴生的还有极端的道德相对主义和虚无主义。长期处于这种阴郁风气的笼罩下，势必会造成人们的单向度思维，以致产生消极处世的态度或是彻底肆意妄为的两种极端。可见，怀疑本身应是推动人类文明发展的，真正作祟的是大多数人盲目愚昧的社会心理。

汉娜·阿伦特曾提出"平庸的恶"这一概念，即在多数的普通人身上都存在一种恶的平庸性，其来源就是拒绝思考，尤其在信息爆炸的今天，人一旦离开了思考便自然而然沦为信息洪流中的傀儡，缺乏独立的自我意识与信仰，妄图以无端的怀疑批判来实现对自身无知的保护。这种行为无疑是荒诞可笑的,平庸的恶的根因既然在于人们的理性思考能力的缺失,那么只有通过构建理智思维才能突破这层桎梏。对于我们普通民众而言,首先应当破除轻信盲从的心理,树立独立的是非观与决断力,将盲目怀疑升华为一种理性质疑,并付诸努力与实践。以理智科学的态度观照他人与社会才能真正挖掘出当今人们的症结所在。鲁迅先生说:"不满是向上的车轮",的确,我们需要的是个体经过深度多元思考后的建设性批判来促进社会发展,而非依赖犬儒型的怀疑去偏安一隅。

当然,民众的怀疑心理很大程度上也归咎于信息时代社会公信力的急遽下降。不错,理性的价值观不应仅停留于个人的思考,而应当由个体转而投入社会,从而根除蛊惑人心的"伪信仰"、"伪科学",真正将人类思维的最大潜力注入整个世界,通过理性思考以达到理想社会的应然状态。

帕斯卡尔就曾指出"人是一根有思想的芦苇",我们何不充分利用人类的天然优势,以理性思考之光驱散人性中"平庸的恶",共同构建一个科学有序的社会?

点评: 文章从怀疑的两种类型入手,引出理性思考对于怀疑的作用与价值的思考的主题。全文从脱离理性思考的怀疑的后果,写到通过建立理智思维来破解"平庸之恶"意义上的盲目怀疑,最后论及在信息社会用理性思维根除社会弊端以达及社会的"应然"状态。全文逻辑推进合理,事与理相依相生,思考深入,语言表达清晰,且具有较强的思辨性。

第三节 运用辩证思维写"思辨式"立意

所谓"思辨",从哲学辩证法即认识论的角度而言,它是人们认识事物的基本方法和规律,主要指运用逻辑推理进行思考和辨析。在日常生活中,人们主要运用三种方法,一是"矛盾"(对立统一)的方法,二是"发展"(发展的眼光)的方法,三是"联系"(普遍联系)的方法。在议论文写作中,基于追求说理的合理性、科学性的写作目标,常常运用这些思维方法进行文章的立意。特别是在材料作文题的写作中，作文题干通常希望学生就题中材料谈自己的看法，也就是和材料进行对话；而材料本身往往又暗含了多向度立意的空间。如何让作文的立意既独到新颖，可以见仁见智，又能自圆其说，有说服力？这便需要写作者合理运用辩证思维进行"思辨式"立意。

思维诊断

从高中学生议论文写作现场看，写"思辨式"立意成为许多同学的自觉追求。但在学生作文中出现了不少庸俗的思辨，甚至是伪思辨、假思辨。

1."各打五十大板"的庸俗思辨

议论文写作中，我们常常需要针对两种相互矛盾的观点来谈自己的看法。这类作文题在上海高考作文题中经常出现，如2014年秋考中关于自由和不自由的话题，2015年秋考中的关于心中的坚硬和柔软的话题。这类题目往往有一组二元对立概念或相互对立的观点，赞同一方或另一方其实都有失于片面。因为单从"一元"角度看事理难以成立，而同时主张"二元"却又似乎矛盾，于是不少同学采取了"折中"的办法，即双方"各打五十大板"，先后批评各自不能成立，而后提出所谓凡事要"适度"的立场。

以"做一棵野外的树还是做一棵公园里的树"的话题为例，有同学先论述不能做一棵"野外的树"，理由是：放任自流，不加约束和引导，最终导致这些"树"难以成为有用之材。然后论述也不能做一棵"公园里的树"，理由是：这些树经过人工修剪，"树"之天性无法得到保全，失去了本有的样子。于是在给双方"各打五十大板"之后，提出要做一棵"公园里的野树"的观点，读来让人忍俊不禁，莫知所云。这种庸俗的思辨显然是把"一分为二看问题"的辩证法思想曲解了，刻板化、庸俗化了。

2."前后自相矛盾"的假思辨

还有一种常见的问题是，文章极力主张某种观点，力陈各种理由，等到写至文末，作者陡然发现，自己的观点似乎有点绝对，在一条道上"走到黑"，于是"悬崖勒马"，赶忙掉头。殊不知这一"掉头"全然否定了之前的立场和路线，造成前后矛盾。写作者本意是求得观点辩证、思考周全，无奈自我否定，前功尽弃。

例如论述"当今社会普遍存在和人比较"的话题。有同学提出"不要热衷于和人比较，要学会做自己"的观点。文章高调批判"人比人气死人"的论调，分析执迷于和人比较必会徒增烦恼，甚至产生自我怀疑、自我否定，不利于培养乐观积极的人生态度，有碍于人立"长志"，最终无法成就自我。一番言之凿凿之后，临近收尾，却写道："没有比较的人生是看不清自我的，会让人迷失在自己道路中一意孤行，进而走到难以回旋的可悲境地。"这个看似辩证的"转"，竟然否定了文章主体部分的立场，使得文章前后矛盾，让读者不知所从。这是典型的"假思辨"，当以深戒！

思维导引

表达"思辨式"立意，不意味着写"骑墙文"，也不意味着"非此即彼"，更不意味着"亦此亦彼"。"思辨式"立意的基本思维方法是遵照唯物辩证法，遵从辩证逻辑思维。它是以对立统一为核心规律，着重从事物内部的矛盾性，概念的矛盾运动来进行思考。在说理中表现为依据客观事实与事理，对事物有鲜明的判断立场，能在兼顾全面性的基础上有所侧重，从而让说理更有说服力。

1. 培养防御意识以防敌论

当我们提出某个观点，主张某种立场的时候，我们有所站位，必然有所选择，也就必然有所舍弃。这时候我们就要考虑反驳者的立场，也就是站在潜在的反驳者的角度，想想自己的看法可能会遇到怎样的批驳，进而反思自己的观点是否严密，是否还可以完善，是否失于绝对片面，是否空谈道理而缺乏对现实的关照等等。

有一个比较好操作的办法：我们可以在提出自己的观点之前，对反向的立场进行必要的"部分肯定"，承认这种"反向立场"存在的部分合理性，然后重点分析在更多情形下、更普遍范围内，这种立场的局限性和不合理性，进而提出自己的主张。这是办法一。办法二：在充分论述自己立场的基础上，对敌方立场承认其"部分合理"，然后在此基础上指出其更多的不合理，从而既突出自己的观点立场，又能堵住"敌论"之口。当然在全文各角度的分析中也可以积极主动地进行"防御"。

以上思维过程可用下面两图表示：

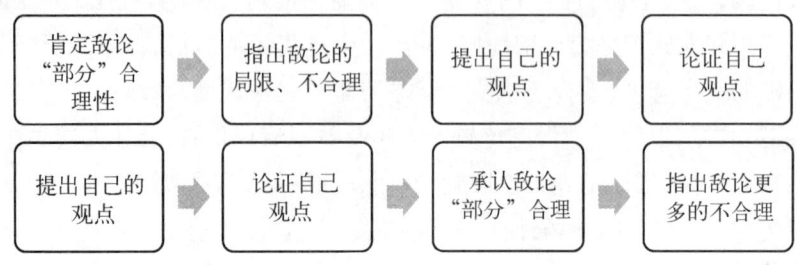

例如面对"人不能输在起跑线上"这个话题，我们可能会提出这样的观点：人生的输赢不在"起跑线"的高低而主要在人生的过程和终点。显然这一观点是对长期以来在孩子的教育问题上急功近利，让孩子背负本不属于其年龄段所能承受的学习内容的社会现象的一种"冷思考"，这一观点是理性客观的。但是，当我们批判这种急功近利的教育行为和理念的时候，是否也该部分肯定对孩子进行科学合理的"早期教育"的正向价值，即"起跑线"上的优势其实有助于孩子在学业和人生发展中占得先机；然后再重论"起跑线"上的优势不等于人生"全程"的优势，更无法决定人生"终点"的高度。这样的立意就比较严谨合理了。在展开主体部分论述之前，做出这样的思辨，就能有效堵住观点可能存在的漏洞，为全文逐层展开分析做好必要的防御。从哲学原理而言，这既符合"一分为二看问题"的正确立场，也就是"两点论"的立场，更符合"重点论"的立场。

2. 进行分类讨论以防片面

事物往往具有复杂性，甚至矛盾性，我们依据题目材料确定作文的立意，提出自己的观点，也要学会针对不同条件、不同情况做出不一样的判断，这就需要培养分类意识，也就是对一个相对宏大的问题按照一定的逻辑标准进行切分，然后依据切分出来的不同内容进行有针对性的分析讨论。这种分析方法类似于数学中的"分类讨论"，其优点在于化整为零，化繁为简，思考全面，分析具体。

我们以苏洵的《六国论》为例。作者首先提出了六国破灭的原因——"六国破灭，非兵不利，战不善，弊在赂秦"，斩钉截铁地给六国之所以灭亡定下结论。接下来作者是如何支撑这个观点的呢？作者依据各国和秦国的关系，将各国分为两类："赂秦"和"不赂秦"。第一种是"赂秦"：韩国、魏国和楚国"以地赂秦"；第二种是"不赂秦":齐国附随秦国、燕国和赵国"用武而不终"。对"赂秦"三国,作者指出"赂秦而力亏,破灭之道也";对"不赂"三国,作者指出"不赂者以赂者丧。盖失强援,不能独完。"作者十分合理地运用了分类讨论的方法,完成了对观点的支撑和证明。层次严密,分类完整,使别人对自己的论点无可怀疑、无可驳斥。

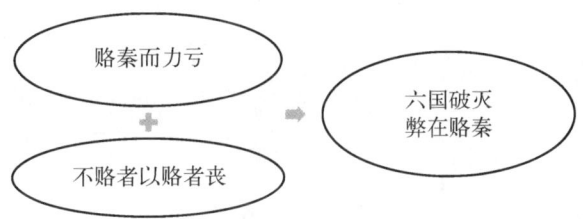

鲁迅先生的《拿来主义》一文,更是将分类讨论的思想运用到了极致。首先从全文来看,作者将对待外来文化的态度分为四类:闭关主义、送去主义、送来主义、拿来主义,这四种态度之间存在着前因后果的逻辑关联:长期闭关锁国,夜郎自大,结果"大门被打开",于是被迫施行"送去主义";"送去主义"的结局只能是坐吃山空,导致文化资源的枯竭,于是只能被迫接受"送来主义";而我们对送来的东西吓怕了,于是作者提出"拿来主义",放出眼光,自己来拿。

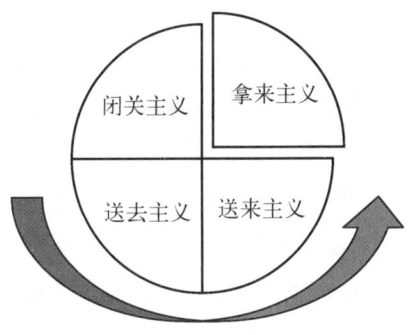

那么如何施行"拿来主义"呢?作者又两次运用了分类讨论的办法。第一次是怎样对待文化遗产,可能有四种态度:第一、逃避主义的态度,第二、虚无主义的态度,第三、投降主义的态度,第四、批判继承的态度。对于如何施行"批判继承"的态度,作者再次运用分类讨论的思想:第一、对"有益无害"的文化精华,要使用吸收;第二、对"益害并存"的文化遗产,要有选择的利用;第三、对"无益有害"的文化糟粕,则请其"各自走散为是"。先生针对不同类型的文化遗产区别对待,取其精华,弃其糟粕,为我们全面阐述了对待文化遗产的科学态度,也为我们留下了分类讨论的经典范例。这是"具体问题具体分析"的科学态度,也是"实事求是"的态度,让分析说理变得具体而不空洞。

案例分析

学生范文:《立于物外》

人们往往更倾向于依据自以为对的信息作出判断,如今易得而多样的信息环境是否能改变这一情况犹未可知。(引出讨论的问题)

不可否认,依据自以为对的信息作出判断无可厚非。人们总是愿意接受自己可理解的事物,在"自我真实"的世界里以主观判断为依据对事物做出自以为客观的评判。而既然确实该信息是正确的,依据它来作出判断便是理所当然。(承认现象的合理性)

而当代信息大环境为信息获取提供了便捷的途径,也使获取的信息多样,但这仍然无法改变什么。人们只是在更大的范围内搜寻自以为对的信息而已,并无本质区别。(指出现象的本质)

反而,当代信息大环境为人们提供更多接近真相的可能性的同时,甚至也使我们远离真相,在一定程度上,虽说信息的易得与多样看似可以使我们更多更深地了解事物,但往往结果与其背道而驰。太多的信息不仅使其"真实性"成为疑虑,更使大众在不知不觉中形成"一眼即过"的浅层阅读的习惯。而对浩如烟海又难以辨真假的信息潮,人们习惯地避免深入,甚至畏惧深入。这间接地为只依据自以为正确的信息进行判断的行为助力,成为"独断"有力的借口。(重点分析现象的不合理性及其产生的危害)

而如何从根本上改变这一情况,我认为不应依靠外部力量,而应从内在找原因。

这一情况的内在驱动力我愿意将其归结为对自我认知的盲目自信以及由惰性思维导致的对"自我真实"的迷恋。而一旦囿于自我认可的世界中认可自我,则会使盲目自信恶化为自我封闭的盲目自负。

因此,我认为,我们应立于物外向内看。将"我"放入视线之中,从整体之外观照一切,这样不仅可以对自我以及自我认可的世界进行全面而清晰的重新认识,更可以对外界的状况进行接纳与关注。(提出"立于物外向内看"的解决办法)

当然,完全客观的判断是不存在的。我们做出的判断都是基于自我认知的,或多或少而已;同样,完全主观的判断也是不存在的,我们立于社会,受他们的影响,有形或无形的,我们的判断中杂糅着他人的判断。因此,我们要做的也只有将自己从自我的世界中拉出来片刻,尽量真实客观地作出判断。(补充论述)

由此而言,要想改变人们只依据自以为正确的信息作判断的情况,外部力量是远远不够的,更重要的是自我内在的立于物外的意愿。

【立意分析】

这篇作文在活用辩证思维写"思辨性"立意上的最大特点是适时适当地运用一分为二的辩证思维,来堵住敌论之口,并使自己的论述更为严谨,思虑更加周全。这是作者有自觉"防御意识"的表现。

本文运用辩证思维进行"防御"主要体现在两处:第一处是第2段。作者对第1段所列现象明明持怀疑甚至否定态度,但他不急于表态,而是先"部分认可"人们根据"自以为对的信息"做判断的合理性。这为下文质疑甚至推翻这一做法铺垫张本,既堵了敌论之口,又让自己的质疑批驳显得独到深刻,颇有见地。第二处是倒数第2段,作者在上一段提出"立于物外向内看"的解决办法的基础上,进一步补充做到"完全客观"是不存在的,进而深入指出"将自己从自我的世界中拉出来片刻,尽量真实客观地作出判断"。这一段,不仅避免了自己观点的绝对化,堵住了说理中的一个漏洞,而且还借机进一步完善了自己的观点,使之更合理公允。

第三章　如何分析

从逻辑角度说,分析是指把一件事物、一种现象、一个概念分成各个部分,找出这些部分的本质属性和彼此之间的关系;它与"综合"相对。分析是一种科学的思维活动,是一种理性的认识活动。

在议论文写作中,分析是运用逻辑思维的方法,依据概念进行判断、推理的过程。议论文的本质是说理,而说理的灵魂在于分析,这是语文教育界和写作学界所形成的共识。

从议论文说理分析的思维路径看,我们可以把分析的思维视角归纳为本质分析、原因分析、危害分析、价值分析、对策分析这五种基本类型。考查学生写作议论文中的说理环节,我们可以发现学生说理分析中存在的思维问题,进而提出完善修正的策略以提升说理的思维品质。

本章将分别就分析的五种基本类型,还原写作现场,研判思维问题,探索优化提升的应对策略。

第一节　写好本质分析

"透过现象看本质"是人们思考问题的一个最基本思维习惯,也是议论文写作中的一种常用思考方法。从议论文具体分析的角度看,我们习惯叫作"本质分析"或"实质分析"。这一分析维度常常运用在现象类材料作文题写作中,也可运用于观点类作文题的写作中。

材料作文题中的语料往往是来自于现实生活中的某个事件、某类现象或某个观点,它是写作和说理的触点,也是思维生发延展的起点。所谓本质分析就是对作文题中语料的"本质"分析,只有充分把握作文题语料中的具体细节,即充分占有感性材料,我们才能透过现象看本质,将感性认识上升为理性认识。

如何运用"透过现象看本质"的思考方法写好本质分析,是议论文阐释说理走向深入,达到深刻的重要途径。我们还是从研判学生在这一思维向度上经常出现的问题说起。

思维诊断

1. 看不准本质

主要表现在对现象背后的内在实质无法准确"看出",造成现象与所谓本质的错位,出现张冠李戴,甚至风马牛不相及的偏离情况。

我们以下面的学生作文片段为例:

当今社会家长普遍重视孩子的教育,舍得花钱送孩子去参加兴趣班、文化补习班,这种做法无疑加重了孩子负担,让孩子的童年一片灰色,没有快乐感。究其本质是家长太溺爱孩子了。正是这样的溺爱,剥夺了孩子幸福的童年。

这段话看似有道理,也有一定的情绪煽动性。但我们尝试概括一下,语段指出:家长送孩子参加兴趣班、补习班,其背后的心理实质是家长对孩子的溺爱。"溺爱"一词虽然指出了家长行为的"偏失",但显然无法准确概括家长行为的出发点或目的;家长的行为和其行为背后的本质之间,出现较为明显的错位。这是学生不能透过现象准确看出本质的典型体现。

2. 看不清本质

所谓"看不清",是指学生虽然运用了本质探究的思维方法,但缺乏对所要分析的现象的全面、深入把握,导致对本质的归纳与现象形成的深层机理不相吻合,甚至出现错误判断。

以下面的作文题为例:

议论文思维导引与时代写作

在现代国际大都市上海,人们非常讲究"品位":用品讲究档次,用度讲究排场,形象讲究派头。

有同学这样认为:"人们追求品位的档次、用度的排场、形象的派头,实际上是人们生活富裕殷实的结果,没有钱何来品位?"这样的论调,貌似有理,实则经不起推敲,因为学生只看到了"讲究品位"背后的物质能力支撑,没有看到"讲究"二字,这实则和人的想法、心理、观念有关。

3. 看不到本质

主要表现在不会看本质,看不出什么本质,要么将论述停留于琐碎肤浅层面,要么将思考"上纲上线",看似有理,实则空乏,没有具体的分析思考。

请看下面学生习作中的语段:

现在生活条件好了,一些人把节俭的生活主张抛之脑后。生活殷实了,人们过上好日子,当然想生活得潇洒一点,可以理解。但节俭不能丢啊!吃饭时满桌菜,点那么多又吃不掉,多浪费啊!也不想想世界上那么多在贫困生活中挣扎的人?是没爱心呢?还是追求脸面呢?

整段文字充满了口语化、情绪化表达,啰唆而没有深度思考。"点那么多又吃不掉"只看到了浪费;想不到贫困中的人便说"没爱心""追求面子"。这样的分析全然套用各种道德教条,看似句句写到"本质",其实充斥着"泛道德化"与"泛情绪化"两种不切实际的论调。学生大而化之,将某些现象扣上"大帽子",实际上没有触及现象背后的真实本质。

思维导引

从词义上看,本质也称为"实质",指事物本身所固有的、决定事物性质、面貌和发展的根本属性;指某一对象或事物本身所必然固有,并从根本上使该对象或事物成为该对象或事物,否则该对象或事物就会失去其自身的特定属性。然而,事物的本质又是隐蔽的,它虽然通过现象来表现,但不能通过简单的直观去认识,必须透过现象掌握本质。如果说了解现象是把握事物表象的感性认识,那么把握本质则是揭示事物内里的理性认识。

一言以蔽之,本质就是事物自身的特定属性,它具有内在性、深层性和形而上性。

如何培养透过现象看本质的思维能力？关键还是要在方法论层面形成完整的认知体系，在实践论层面积累举一反三的模仿迁移能力。基于个人教学实践和反思总结，我们也许可以从以下几个方面做一点探索：

1. 学会概括性质特点

《荀子·性恶论》中有这么一段话：

人之性恶，其善者伪也。今人之性，生而有好利焉，顺是，故争夺生而辞让亡焉；生而有疾恶焉，顺是，故残贼生而忠信亡焉；生而有耳目之欲，有好声色焉，顺是，故淫乱生而礼义文理亡焉。

从这段话中我们可以看到，荀子从"生而有好利""生而有疾恶""生而有耳目之欲，有好声色"的众多人生"负面形象"中抽取出"性恶"的结论，从而对人性的特点做出了概括。这种思维方式遵从了从具象到抽象，从表象到内在，从外延到内涵的抽象思维的逻辑过程。据此，我们可以从中得出一个比较简便实用的思维模型，如下图：

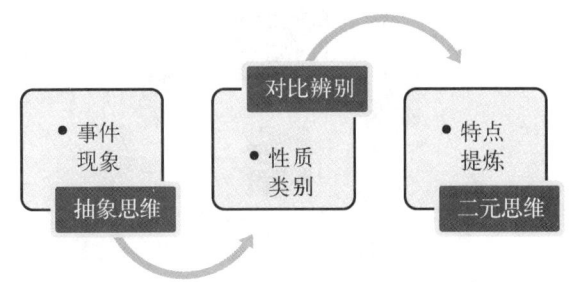

在这个思维流程图中，"事件现象"是本质分析的对象，包括具体的现象或一类现象的概括。我们以现象为起点运用抽象思维，对现象进行性质类别的比较分析，这种分析首先找出反向度的现象，如"好声色"的反向度的现象是"不好声色""清心寡欲"，两相比较辨析；然后运用"二元对立思维"，对现象属性特点进行提炼概括并加以描述，进而推出人性之"恶"的特点。

运用抽象思维，对现象进行比较辨别，运用二元思维对性质特点进行描述，可以比较简便地对人生众象和社会万象做出诸如"善或恶""美或丑""真或假""新或旧""好或坏"等等的本质性质的初步判断。这是进行本质分析过程中相对简单浅显的思维阶段。

2.学会抽象归类方法

写作的对象包罗万象,但每个现象都可归属于人生和社会的各个领域和层面,分类的依据涵盖社会学、人类学、心理学等各个领域。试图建立科学化、体系化的分类是老师和学生都难以做到的,但考查作文题目材料本身,我们可以发现材料所谈话题的几个常见的领域范畴。这个范畴可以"我"为圆心,发散出"人与自我""人与人""人与自然""人与集体(国家、社会)""人与艺术(科学)""人与历史(现状、未来)"等思考维度。其中涉及比较多的层面是心理、审美、价值、道德、文化等方面。我们可从这些基本的向度范畴来探究现象、问题背后的本质。如下图:

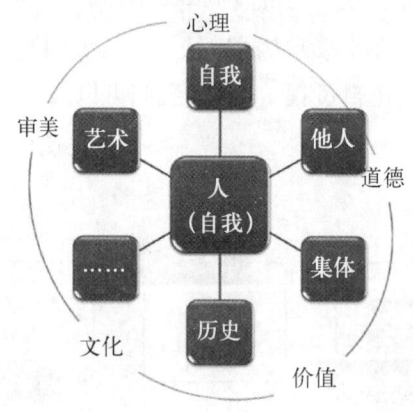

我们以下面的作文片段为例:

有人说:"人生中最美好的东西应当是希望,而不是现实。"是的,希望当然美好,可现实就不美好了吗?或者说没有了现实的希望还能叫美好吗?现实与希望不是独立存在的,它们密不可分。没有希望的现实,是无望。如果一个人生活失去了希望,失去了一切光明快乐,失去了活下去的动力源泉,那么他的生活就成了无望,乃至绝望。许多人因失去了希望而放弃生活,如巴尔扎克笔下的加斯东,在享受了纯真爱情后一夕失去,竟然使他绝望轻生。冰冷的现实不能没有希望。而没有现实的希望,则成了虚妄。一个人空抱有不切实际的"希望",或是只抱有幻想,却不能在现实中实现,那这个"希望"只可能是虚妄,它如同一个人在白日做梦,只能使自己坠入无边的幻境之中,甚至逐渐麻痹乃至麻木。

这个语段中,作者围绕现实与希望相割裂的现象,从心理的范畴,从人与自我的角度揭示出"没有希望的现实是无望"和"没有现实的希望是虚妄"的本质概括,体现出思维的辩证和思考的深度。

总之,培养本质分析的思维能力,大体可以从两个维度着力:一是构建透过现象看本质的聚焦型思维过程:首先运用对比思维对现象进行性质属性的甄别,对现象做出"正"或"负"性质的初步判断,然后运用二元对立思维对现象的性质特点给予揭示。二是构建探求现象多元本质的发散型思维体系,即探究支撑现象存在的多重机理,尝试从自我、社会、历史、文化等发散性向度中提炼出现象产生的主要导因或多个导因。前一维度是单向角度的追问,后一维度是多向视角的探索。两相并进,互为完善。

案例分析

❖ **案例1:《论时间》(何为)**

近来常常想到时间。

时间很玄妙:无涯无际,无始无终,无穷无尽。绵绵岁月,悠悠历史,皆由时间组成。时间涵盖宇宙太空,主宰天地万物。牛顿有时间绝对永恒之说,爱因斯坦则有相对论的时间观念,都很能激发想象力,这是科学家思考的命题,姑且不论。

<u>时间让人感到神秘莫测</u>。17世纪法国作家伏尔泰说过,时间是个谜:最长又最短,最快又最慢,最能分割又最宽广,最不受重视又最宝贵,渺小与伟大都在时间中诞生等等。这一串哲理的话,在我们庸常的人生中倒也常有体会。抗战八年,"文革"十年,身临其境,常觉时间过得慢,感到那段时间真长。事过境迁,又觉得时间过得真快。人生几何,从混沌到清醒,竟用去大半辈子时间。现在生活渐趋小康,国门敞开,"与国际接轨",改革开放近20年,仿佛又是转瞬之间。<u>快或慢,长或短,分割或宽广,渺小或伟大,最终是留不住时间</u>。"子在川上曰:逝者如斯夫,不舍昼夜!"古人慨叹时间流逝的惆怅和无奈,令人依然引起共鸣。

时间也真是不可捉摸：无形无影，无声无息，无光无色。然而，时间却又无处不在，无往而不在。随手掇拾几个生活细节，例如撕去的日历，飘落的秋叶，老人的白发，美女眼角的鱼尾纹，诸如此类，都显示时间的印痕。

时间对每个人都是公正的。人人不断拥有时间，人人又不断丧失时间。历史无情，岁月不饶人。老人是去日苦长，来日苦短。年轻人的时间当然比老人富有得多，经得起透支和挥霍。不过，正如老年是从青年过来的，青年的未来必然是老年，如果有足够年龄可称得上老年的话。这个道理很简单，或长或短，任何人的时间都是有限的。

说实话，我很羡慕今天的青年。上班族的人们，有了双休日，一个星期多了一天属于自己的时间。一周间整整两天完全由自己支配，何等幸福，可做多少自己想做的事！回想往昔的年代，即使是不搞政治运动的日子，也很少有自己的时间。五十年代一个长时期，我放弃许多星期天，放弃许多难得的节假日，只为了关在斗室里，悄悄伏案笔耕，却也须警惕有人虎视眈眈，横加指责，业余写作是"名利思想作怪"云云。这种责难，今天显得很遥远，听起来近乎荒诞，当代走红的青年作家知道得恐怕不多了。

最大的浪费是时间的浪费。浪费个人时间，蹉跎年华，虚掷生命，是个人的损失。如果浪费国家和民族的时间，长期无谓的消耗，造成历史倒退，是亿万人民的损失。时间孕育机遇，机遇来自时间。大有大的机遇，小有小的机遇。赢得时间，接受挑战，为民造福，没有不能创造的奇迹。马克思有一句耐人寻味的名言："时间是人类发展的空间。"在无限浩瀚的时空里，人类的想象力和创造力是永无穷尽的。

这是作家何为老师的一篇经典散文。文章主要表达"要珍惜时间以成就个人的事业，为国家和民族贡献力量"的观点。为了让这个观点有说服力，就应该分析时间为什么是值得珍惜的，因此作者重点分析时间的本质属性。主要写出了三点本质属性：一是时间是神秘莫测的，最终是留不住时间的；二是时间无处不在，无往而不在；三是时间对每个人都是公平的，任何人的时间都是有限的。这三点本质分析比较充分地分析了时间之宝贵，浪费时间而蹉跎岁月之不该，为文章结尾两段告诫年轻人不要浪费时间而虚掷生命铺垫张本，理由合理充足。

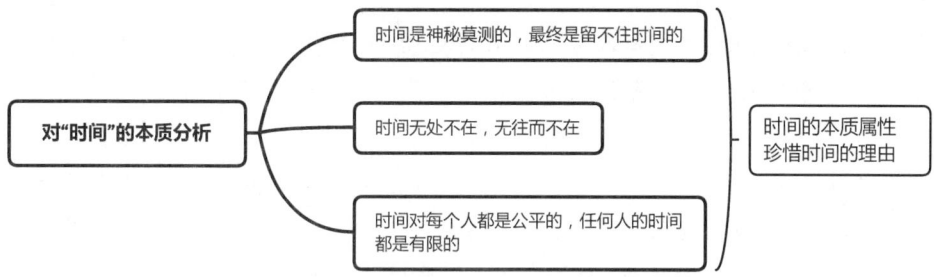

❖ 案例2：学生习作《我们的善良，需要行动》

善良应该是所有人共守的道德准则，更是应以行动践行的品质。若不用行动证明，善良终会退位。

这个社会需要善良，需要将其作为价值底色的常识。人自远古时代，基因中便烙着互相帮助与共情的天性。善良让我们自发地救苦难之人于苦海，填补幸运与不幸者之间的沟壑。正是善良之火照亮了人性中自私贪婪之阴暗，引领人类一步步走向大同共荣。

然而当下，善良却从行动退位成为口号。新冠疫情发生，"善良"的人们点起网络蜡烛，轻松留下一句"武汉加油"；天津爆炸事件过去，只留下全网"今夜我们都是天津人"；而到日常生活中，给予"精神鼓励"却不为他事，更是屡见不鲜。人们将善良异化成为"不须付出行动而对他人抱有好意"，后果又是什么？

漂亮话谁都会说，但任何处于苦难中的人，一只援手远比千万句如波的鼓励更有力量。一个乞丐，需要一枚枚硬币换取今日口粮，而非"你可以挺过去的"鼓励；一场地震，需要日用品的接济，而非一句"加油"；一场疫情，需要物资与医务人员的支持，而非"我们都是武汉人"的煽情。若只有善心却无善行，"善"只是无法兑现的空头支票，一座空中楼阁。空头支票实则一张废纸，无行之善无异于无善，无所补益。此时的"有善"已与"无善"不再有实质区别。

"无行之善"的背后是精致利己主义横行。"有行"乃是牺牲个人利益成全他人，但行"无行之善"却可在不损己的情况下，换得"善"的美名，岂不美哉？可当这种利己主义思想成为社会主流时，那看似充满温情的表象下，实则充满着人隔岸观火的冷漠。"善"只是一个换取个人名誉的工具，这种思想的背后已然是善心的消解，功利的利己之心暴露无遗，此时的人还有善良可言吗？显然，善良就此失去。

更可怕的是，这种冷漠会传染，会压灭仅存的善良之火。扎克伯格为世界儿

57

童捐出99%的资产,立刻有人分析其名利动机;韩红基金会为疫情捐款,韩红的"黑料"立马铺天盖地。无行之善太多,最可怕的是不再有人相信"有行之善"的"真善"了,遇到"善良"都要群起而攻之了。正如加缪所言:"比绝望更令人绝望的,是习惯绝望。"若连信"善"的基础根基都动摇,则确无"善"可言了。

因此,我们要用行动证明善意,证明人类并非是一味利己的动物,证明给所有人看:这才是真正的善良,而非用言语堆砌成的伪善。

我想,如此,星星善良之火,亦可燃尽当代人包裹自己的冷漠。

这篇文章开门见山,提出"善良应该用行动来践行"的观点。全文主要从"为什么"即行动对于善良的价值意义的角度来展开分析,思维角度比较简单明了。为了避免思维向度的单一,增强文章说理的深度,作者进行了大量的本质分析。文章先从历史上人们自发地救苦难之人的普遍现象指出善良是人的天性;然后笔锋转至当下,列举当下一些不幸事件中许多人给予精神鼓励而不采取行动的较为普遍的现象,揭示出这些人把善良"退位为口号""异化为无须付出行动只需要对人抱有好意"的心理的本质;并进一步指出"无行之善"是空头支票、空中楼阁,表现"无善"的道德属性。接下来作者将本质分析进行到底,指出"无行之善"的背后是"精致利己主义",是把善良当作"换取个人名誉的工具",是"善心的消解",这是从思想层面深入揭示现象的本质。通过层层本质揭示,从多角度批判了不以行动行善的错误做法,从反面论证了要用行动践行善良的观点。

我们提炼一下全文本质分析的内容:一是从人性角度指出善良是人的天性;二是从三个维度揭示不以行动践行善良这类现象的本质,即"异化""退化为口号"的心理本质、"无善"的道德本质、"精致利己主义""换取个人名誉"的思想本质。

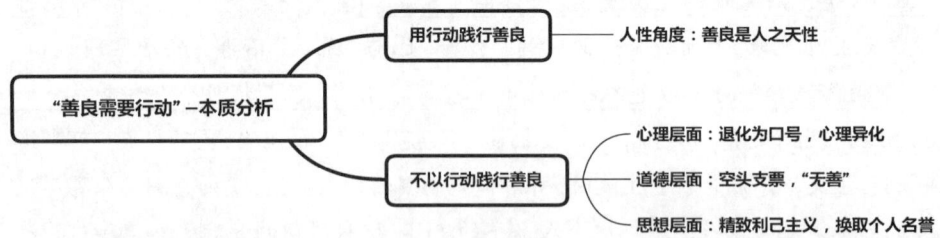

❖ 案例3:学生习作《化"阻"为"路"》片段

"为天地立心,为生民立命,继往圣之绝学,开万世之太平。"不知多少人曾和我一样，为张载之言所触动，渴望改变平庸的现实，成就一番事业，但现实中的我们却时常是四处碰壁。我们不安现状却无法改变现状，心中燃烧着的理想不再是前行的动力，而成为最大的烦恼。

在我看来，不安现状本身实则是理想主义的外在表现，而不安现状成为人生最大的烦恼则可视为是过度的理想主义与现实之间不可调和的矛盾。理想主义本意味着一种积极乐观、寻求改变与进步的生命态度，但过度的理想主义却会使人耽于沉迷虚构的世界，而不愿直面现实。这些理想的殉道者有的不满现实，因而构建了理想的乌托邦，不安现状寻求改变由此变为了渴求乌托邦的诞生，结局不言自明；有的则索性将理想本身附着到了已存的庞大目标之上，以此来企图证明自身的价值，而忽略了每个人本为特殊的个体，牵强附会的过程反而是对自身的泯灭，将自我异化成为面目模糊且相似的存在，对此《1984》中被洗脑的人群可谓是他们中最为典型的写照。

跨越适度与过度的边界，将不安现状变为痛苦本源的根本原因或许更在于对自身理想的过度肯定，对完美秩序与结局的偏执而由此病态的索求，重视彼岸的世界，胜过脚下这个真实的大地。似乎可以看到的，因不安现状而烦扰的人群，总是更乐意将理想与现实喋喋不休的相对比，抱怨理想与现实的差距，而忽略脚下大地已有的美好价值。其中更可悲的一类则是由难以企及的理想主义迈向了犬儒主义，他们看透现状、不安现状，却从不愿迈开一寸去尝试改变的步伐，宁愿做井蛙夏虫，而不愿上下求索，其悲剧本色也亦是必然。

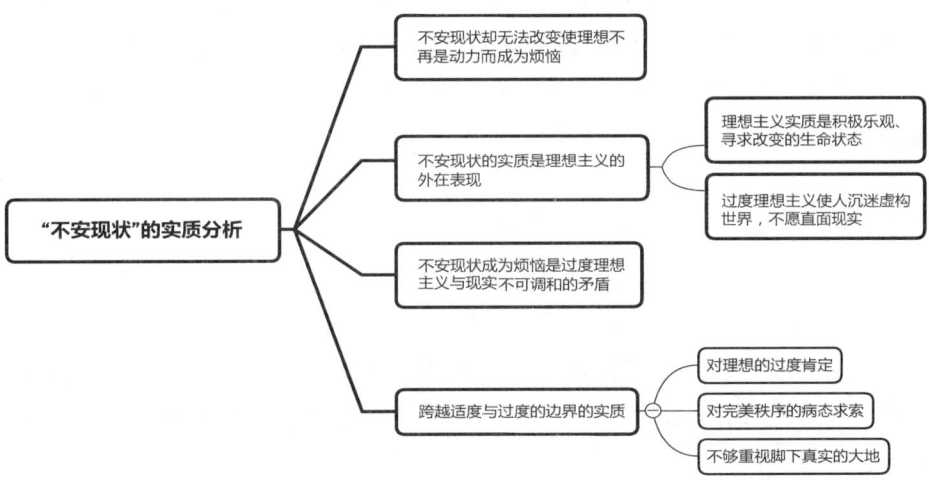

第二节　写好原因分析

原因分析也叫归因分析。在日常生活中，它是人们找出事件、现象、观点等成因、由来的一种基本思考途径以及思维方式，是人们对自己或他人行为的原因进行推测、判断或解释的过程，也是人的一种思维习惯。美国心理学家维纳对行为结果的归因分析进行了归纳，他把归因分析分为三个维度：内部归因和外部归因、稳定性归因和非稳定性归因、可控归因和不可控归因。

归因分析是写作议论文时最常用的分析维度之一。在议论文写作中，常常需要针对作文题中所描述的现象、呈现的结论以及作文中的事实论据进行原因分析。学生如何写好原因分析（归因分析），恐怕不是从知识层面学习归因分析的分类知识，而是学会尝试构建归因分析的结构化、体系化思维路径，能够结合写作现场的需要，自我设计并灵活运用归因分析的种种思维策略，把归因分析写充实完整，让论证更加合理充分。

根据多年教学经验，笔者不断总结梳理学生习作中出现的问题，解剖其背后的思维问题，发现其相对共性的思维缺陷，力图从思维的体系化、结构化视角帮助学生构建更加科学有序，逻辑更趋缜密的归因分析思维方法；使学生在进行归因分析时有章可循，且将思维方法的运用从自发走向自觉，以能够应对复杂多样的写作对象。

思维诊断

1. 归因流于表层

所谓"流于表层"也即是思考浅显、思维浅表化的问题。即对事物和现象作归因分析时，认识比较肤浅，流于表面，思考不能触及事物和现象成因的内在和源头。

如在分析"当下人们更青睐于网络阅读而不常进行纸质阅读"现象的成因的时候，有同学认为是由于人们"更喜欢网络阅读"。这样的归因，等同于对"青睐网络阅读"的同语反复；有同学觉得是"网络阅读更方便"，但是没有深究"方便"具体体现在何处；有同学想到了这种现象跟智能手机的普及有关，但是没有深究智能手机究竟是怎样改变人们摄取信息和阅读方式的，等等。这几种原因分析只是局限在思考的表层，没有触及事物的内里，因此这些所谓的原因其实似是而非，不痛不痒，不能揭示事物形成的内在机制，也就无法揭示现象产生的最根本原因。

2. 原因杂乱无章

所谓"杂乱无章"，是指学生似乎能够想到现象背后的原因往往不止一个，也就是能从"一果多因"的角度展开思考，但思考过于发散，且这些原因之间不构成体现某种逻辑的结构性和严谨性，因而显得凌乱无序。

以当下常见的"低头族"现象的分析为例。有同学写出了这样的语段：

不管在什么场合，我们总看到人们忙着刷微信，点赞朋友圈。他们为什么这么钟情于手机？我想可能是手机太吸引人，手机中各种信息应有尽有，让人目不暇接；现在的人啊，太冷漠了。人和人之间哪怕是亲人朋友之间总是无话可说。当然也和人们无所事事，用手机打发无聊有关。不过手机里的东西再精彩，你也不能完全活在手机的世界里啊！

这段归因分析写得比较丰富，作者分别从手机内容丰富新颖、人们生活无聊、人情冷漠等角度进行了具体展开；但是如果我们进一步思考：为什么是这三个原因？还有没有别的原因？对这些原因做出这样的切分，其依据标准何在？如果我们想清楚了这几个问题，那这段原因分析就可以写得更加合理规整，思路更加清晰。

3. 思路过于狭隘

所谓"狭隘"，是指思路没有打开，局限在狭小的范围内，只能想到某个原因，没有看到现象背后复杂多元的成因，以至于对事物做出了简单判断。我们还是以"低头族"现象的原因分析为例，不少同学认为产生的原因就是智能手机信息量大，为人们提供了应有尽有的各种资讯，才导致人们埋头于手机。其实这只是导致"低头族"现象产生的原因之一，这一原因只是从手机本身找客观原因，而看不到使用手机的主体即人的原因。这样的原因分析是不全面的,多少有点一叶障目之嫌。这种"一果一因"的单线条思考,必然是分析不全面,不充分,也不客观的。

思维导引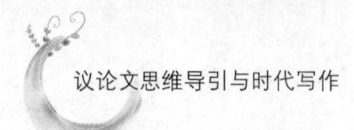

要解决归因分析中的问题,有赖于进行系统性的归因分析的思维体系的培养,帮助学生建立一种比较科学化、完整化、结构化的归因分析路径。笔者认为,比较基础且实用的策略,是将作文题中的材料或观点看作"果",去思考现象背后的成因,或思考观点成立的理由。我们可以从以下几个角度构建相对立体、稳定的归因分析体系。

1."一果多因"体系

事物的发展或某一现象的产生往往是多种因素共同作用的结果,不同的原因从不同角度对事物发生作用,共同推动了事物的变化发展。因此,首先要培养有序的、有条理的发散性思维能力,具体做法是对现象、观点进行"头脑风暴",从多向度探究事物成因,也就是所谓的知其一更知其二,这样才能将归因分析写得饱满立体,真正还原现象产生、观点成立的由来。

就上面提到的"低头族"现象,我们可以尝试从以下几个角度进行原因分析:一是从手机角度分析。智能手机能够给人们生活提供多种可能(知识信息、交流平台、休闲娱乐、游戏体验、阅读需要等等),这是聚焦手机客体的功能和价值。二是从手机使用者角度分析。人们沉浸于手机世界,是在满足自身的各种需要,也是被手机绑架而无法自拔的结果等,这是从主观上探究原因。三是从时代背景的角度分析。"低头族"是一种较为普遍的社会现象,"手机控""手机瘾"成为当下社会人群中的共通性问题。这是信息社会和自媒体时代对人们的生活需要"合谋"的结果,也是人们不愿直面现实,将自我"龟缩"以应对社会压力所带来的"恐惧"的必然,等等。

总之,我们可以建立一个"一果多因"的思维体系,例如从主观与客观,经济与文化,历史与现实,个人与集体、社会等等角度展开一张立体思维的网,然后根

据事件、现象、观点的特点,到这张网上筛选、找到"多因"的"点"。这一思维体系大体可以用下图表示:

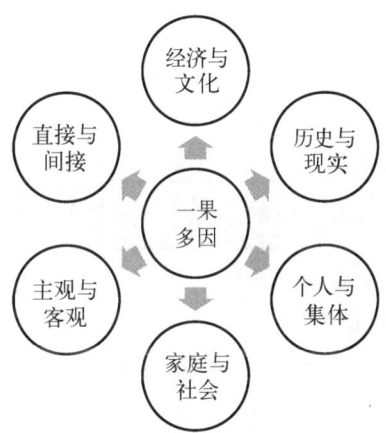

2."因分主次"体系

事物发展变化的因素,往往有主要原因即主因,还有次要原因即次因。主因是影响事物变化和性质的决定性因素,次因则在事物发展变化中起到辅助性、条件性作用。辩证法还认为,决定事物发展变化的往往是内因,内因是变化的根据,外因是变化的条件,外因通过内因而起作用。通常情况下,在内外因这个思维坐标中,我们会把内因作为主要原因,把外因作为次要原因。但有时外因也是主因,内因却是次因。到底如何区分主次因,除了基于客观立场的判断,很多时候可以"具体问题具体分析"。

以社会上一些人"不敢扶跌倒老人"这一现象为例。如果文章以批判当事人冷漠自私、道德缺失为命意,那可以把"当事人怕担责任,以免引起自身不必要的麻烦"作为事件的主因;如果文章以呼吁建立见义勇为的奖励和保障机制为观点,那可以把社会"对见义勇为、扶危济困者个体利益的保护体系缺失或不完整"当做主因。可见,"因分主次"应以作文观点立场为区分依据,主次因的区分服务于立场观点的强化和彰显。这一思维体系可用下图表示:

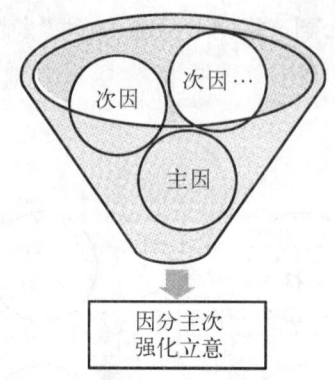

3."深度追因"体系

所谓"深度究因"实际上是探究现象、问题表象背后的根本原因,分析问题的源头;找到了源头也就抓住了问题的实质,破解了现象的本质。这是原因分析中较为高阶的思维能力。这种分析方法比较适用于某些社会普遍性现象的原因分析。我们以"演艺界阴阳合同"现象为例。

现代社会生活中,一些人毫无顾忌地打破规则,甚至利用规则的漏洞牟利。一些国人更是逾规的"佼佼者"。那么为何规章制度在一些国人的眼中形同虚设呢?或许和自古流传至今的"传统观念"有关。古人在"贵君子礼仪"的同时,又赞颂狡黠之智,如所谓的"兵不厌诈",国人对"智"的界定总是带有算计色彩的,以致不愿吃亏的狭隘心理大行其道,推动人们"前赴后继"地追求限制之外的利益;加之不甘落后的羊群效应,逐步形成一个愈演愈烈的恶性循环。

大多数同学会从个人牟利、法律意识淡薄等角度分析阴阳合同产生的原因。但这篇作文将思维的触角伸向了传统文化和民族心理层面,提出传统文化观念中对"狡黠之智""算计"的推崇才是最源头的因素。原因挖掘不可谓不深,令人信服!

我们可以尝试从历史文化、传统观念、民族心理、社会审美、人性本色等角度来对现实问题做归因上的深度思考,也就是将当下现象放入历史语境中思考,将外在行为表象深入到心理、人性的视角来考量,将个别现象联系到群体共性来考量,将群体行为联系到民族心理来探索,将经济、民生等热点现象联系到文化、精神层面作出深层思考……如果"深度究因"的思维得以成型,学生作文的立意也就超越了就事论事的"形而下"层面，上升到就事说理，就事论道的"形而上"层面，这就可以避免说理浅显简单的思考状态。深度究因的思维体系可用下图表示：

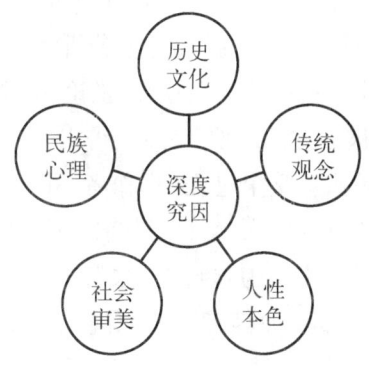

4."以因究因"路径

"深度究因"的目标，往往难以在写作中"一步到位"，如何破解这个困局？其实可以"化整为零""分步实施"，也就是在浅层原因到深层原因之间，搭设一个"台阶"，然后沿着这个"台阶"一步一步将思考走向深入，从而实现思维的深刻性。简单来说，可概括为"探究原因背后的原因"，即以首先想到的浅层原因为"果"，进一步探究这一"果"背后的原因，理论上这种分析路劲可以无限延长。

下面，我们以学生习作《失格的品位》片段为例来说明：

现在人们所追求的"品位"，与其说是在追求富有，追求自我意识和独到审美的个人口味，还不如说是对于"高级感"的盲目追从，以致吃、穿、住、行都希望能够上档次，能高人一等的"精英意识"普遍盛行。

究其原因，人们在开放、丰富的都市生活中，"自我意识"不断增强，伴随生活水平的提高，生活品质的精致化追求便成为必然。但同时市场和生活的竞争压力也与日俱增，为了提升自己的竞争力，在这个"酒香也怕巷子深"的信息爆炸时代，人们对于"被看见"、"被关注"有极大的需求，于是他们用高级的用品、高级的餐厅、高级的派头为自己打造一个时下最受欢迎的高级精致的形象，用物质堆砌成了一个"失格的品位"，以期获得他人的关注和尊重。由此也能看出，当今生活节奏的加快使得人与人之间缺少真正的交流，对于他人的认知往往流于表面，以身份、派头、职务为标尺进行判断，将对他人的认可和推崇物化变异。

对于人们盲目追求"品位"的现象，文章首先指出是人们"自我意识不断增强"的原因所致；然后以这一"因"为果，进而分析背后有"提升自我竞争能力"的因素使然；再以"提升自我竞争力"为果，推论出"被看见、被关注的需要"之因；最后以"被看见、被关注的需要"为果，得出"人与人缺少正直交流""对他人认识流于表面"的源头。整个过程中，作者不断延展思考原因背后的"原因"，从而将原因分析逐层导向深入，彰显了作者超强的深度推导能力。

因此，"以因究因"是以现象为起始之"果"，探究形成的直接原因，再以这一"因"为"果"，进一步追问"原因背后的原因"，不断追问下去，让原因分析走向更为深入的层面。从认识规律来看，这一过程合乎人们认识事物"由浅入深""由表及里"的思维逻辑过程。这一思维过程可用下图表示：

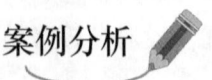

❖ 案例1：《文学的死亡和蝶化》节选（朱大可）

关于文学死亡的话题，已经成为众人激烈争论的焦点。这场遍及全球的争论，映射了文学所面临的生存危机。<u>但文学终结并非危言耸听的预言，而是一种严酷的现实</u>。本届诺贝尔文学奖，颁发给了多丽丝·莱辛，这位88岁高龄的英国女作家，代表了20世纪最后的文学精神。她是一枚被瑞典皇家委员会发现的化石，她曾在20世纪中叶成为女权主义文学的激进代表，但其近15年来的作品，却遭到美国评论家哈罗德·布鲁姆的激烈抨击，认为它们只具有四流水准，完全不具备原创的能力。耐人寻味的是，在所有诺贝尔奖项中，只有文学奖面临着二流化的指责，<u>而造成这种状况的唯一原因，就是文学自身的全球性衰退</u>。这种现状，验证了20世纪60年代美国批评家关于"文学衰竭"的预言。

反观中国文学的狼藉现场，我们发现，汉语文学的衰退，主要基于以下三个方面的原因：第一，80年代以来活跃的前线作家，大多进入了衰退周期，而新生代作家还没有成熟，断裂变得不可避免。第二，重商主义对文学的影响，市场占有率成为衡量作家成功与否的主要标准，这种普遍的金钱焦虑，严重腐蚀了文学的灵魂和原创力，导致整个文坛垃圾丛生。第三，电影、电视、互联网、游戏等媒体的兴起，压缩了传统文学的生长空间，迫使它走向死亡。

这是我关于文学衰败的基本看法。但我最近才意识到，这种看法其实是错误的。文学的衰败只有一个主因，那就是文学自身的蜕变。建立在平面印刷和二维阅读上的传统文学，在经历了数千年的兴盛期之后，注定要在21世纪走向衰败。它是新媒体时代所要摧毁的主要对象。新媒体首先摧毁了文学的阅读者，把他们从文学那里推开，进而摧毁了作家的信念，把文学变成一堆无人问津的"废物"。

然而，尽管中国文坛充满了垃圾，但文学本身并不是垃圾，恰恰相反，文学是一个伟大的幽灵，飘荡于人类的精神空间，寻找着安身立命的躯壳（寄主和媒体）。在可以追溯的历史框架里，文学幽灵至少两度选择了人的身体作为自己的寄主。第一次，文学利用了人的舌头及其语音，由此诞生了所谓"口头文学"（听觉的文学）；而在第二次，文学握住了人手，由此展开平面书写、印刷及其阅读，并催生了所谓"书面文学"（文字的文学）的问世。这两种文学都向我们提供了大量杰出的文本。在刻写术、纺织术、造纸术和雕版印刷术的支持下，经历两千年左右的打磨，书面文学早已光华四射，支撑着人类的题写梦想。

……

这是著名文化学者朱大可先生一篇演讲的前半部分。围绕着文学生存危机这一话题，提出"文学终结并非危言耸听的预言，而是一种严酷的现实"的观点。接下来作者以汉语的衰退现象为例，具体分析了三个方面的原因。在此基础上，作者突然笔锋一转，得出主因是"文学自身的蜕变"，这表明前文所论之原因只是外在的客观原因，而主要原因是文学自身发展过程中的"蜕变"，然后作者分析了文学这个"伟大幽灵"的两次蜕变过程，言下之意是文学目前的危机其实是它正在进入"蜕变"的第三个阶段，由此自然引入到文章所要分析的第二个问题，即文学的"蝶化"，也就是文学在新时代产生了新的嬗变，并依然保持它应有的生命活力。

在这段高屋建瓴的演讲稿中,我们读到了作者宏观全面、辩证公允的归因分析过程。其主要运用的思维方法有:一是"一果多因",先想到多个外在的客观原因,再深入到内在的自身原因;二是在此过程中自然引出"因分主次"的分析,将主因归纳到文学自身发展的"蜕变"上来。

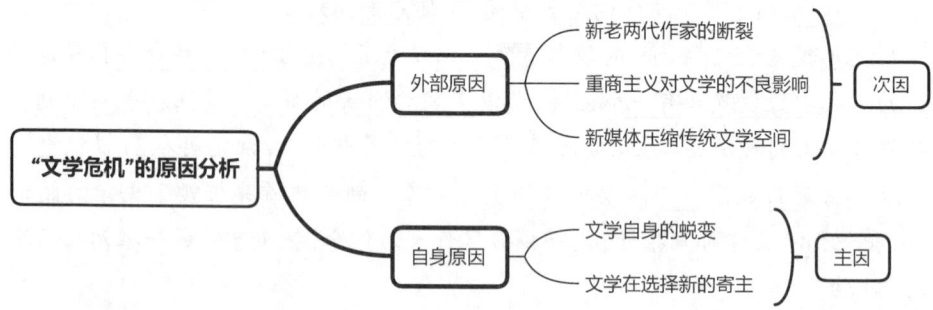

❖ 案例2:学生习作《虚拟之渊,现实之墙》(张鑫晨)

(作文题:我们常常看见这样的画面:地铁上、饭馆里、电梯上、马路边,生活的每一个缝隙都被手机填满。朋友聚餐、家人团聚,"低头族"依旧忙着看微博,聊微信,玩游戏,就算搭话也是敷衍了事。此类现象引发了你怎样的思考?请自选角度写一篇不少于800字的文章。)

智能手机逐渐占据我们生活中的更大一片角落,乃至填满每一个缝隙,"低头族"在生活中随处可见,沉迷于虚拟的他们失却了现实。

"低头族"现象的广泛出现源于网络虚拟世界犹胜现实的多姿多彩,更归结于人群对虚拟环境的沉醉心态,以至于失联于现实。前者原因虽有对现实之精彩的不充分认识,但却是不可否认的部分现实。而后者关联至人群自身,虚拟与现实的心态失衡更可称为主因。

萨松尼曾提出"心灵之墙"与"现实之墙"的概念,而后者正是指明了虚拟与现实的明确分界,在于认识到虚拟为现实的附属。然而反观当下,"低头族"的"现实之墙"颇有些界限模糊,摇摇欲坠之态。当下手机所承载的一方虚拟天地,正承担了更多现实本应有的重量,诸如付款、购物等行为可在虚拟世界中完成,这是科技带来的便利,却也成为将人群推落至虚拟之渊的一大因素——当习惯形成，依赖随之产生。

影响这类依赖形成的，<u>更有部分内在因素</u>，即<u>人群的自发依恋沉迷</u>，可归为现实问题在虚拟的投影。首先，人群中不乏现实<u>受挫孤立之人</u>，<u>虚拟天地便成为他们的"避难所"</u>，一进入便再也难出，避难所也化为了无形的牢狱。其次，投身于虚拟之人或<u>抱有重新开始人生的心态</u>，现实无法重塑，而虚拟则近似于又一次人生。最后，当虚拟愈发具有分量，大多数人<u>被迫与虚拟加深联系，而虚拟则承载更多</u>，如此往复的恶性循环，导致了"低头族"的滚雪球式滋生。

现实世界过于拥挤，而虚拟则有无限空间，很多人怀揣如此想法投身于此，然而现实真的拥挤？不尽然也。这般心态的产生是对现实的误解，更像是逃避的接口，每个人于现实皆有立锥之所，更有广阔真实可供开拓，愿意发现现实，才会了解现实的无边无际，浩如星海。

无论原因于内于外，对"低头族"现象的抑制更应被聚焦，将目光从手机屏幕移向现实的光影斑斓，需要的是自我心态的矫正以及对现实的重新发现，这般的改变认识当是彻底无二。

虚拟天地的开拓固值得称道，虚拟与现实的交错也带来了便利与纷至沓来的精彩，然而尾随而至的更是危险，不仅是无所束缚的险，更是沉沦于此的潜在之危。而只有坚守本心，平衡虚拟与现实之重，重塑现实之墙，虚拟才会从属于自我，而非反之，成为又一个"低头族"。

这篇文章针对生活中随处可见的"低头族"现象，分析其产生的原因。文章第二至四段集中笔墨进行分析。作者首先指出"低头族"现象"源于网络虚拟世界犹胜现实的多姿多彩，更是归结于人群对虚拟环境的沉醉心态，以至于失联于现实。"这是从客观和主观两个角度进行归因，同时强调主因是人们的"沉醉心态"（"心态失衡"）。接下来作者集中分析人们对手机的依赖心理（即上文中的"沉醉心态""心态失衡"）形成的复杂因素。首先是从外在原因上分析，即从手机功能上"承担了更多现实本应有的重量"，再从内在原因上展开具体分析：一是有人将"虚拟天地变成为了他们的'避难所'"；二是有人"抱有重新开始人生的心态"；三是人们"被迫与虚拟加深联系，而虚拟则承载更多"，形成如此往复的"恶性循环"。

通过以上梳理，我们看出作者归因分析的思维过程：先是"因分主次"，以手机的客观因素为次因，以使用者的主观因素为主因；然后"以因究因"，即以人们依赖、沉醉手机的主观"原因"为"结果"，进一步探究其背后的复杂原因，在探究这些"复杂原因"过程中又运用了"一果多因"思维。纵观全文的原因分析，作者综合运用多种归因分析的思维系统，写得立体丰富，深刻到位。

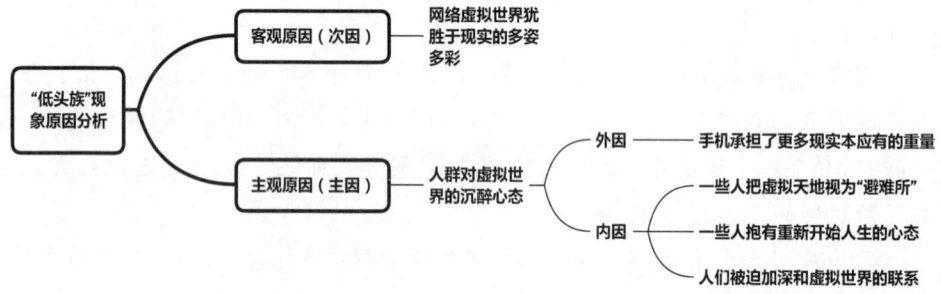

❖ **案例3：学生习作《理性对待"仪式感"》片段**

缘何"仪式感"越来越沦为人们口中的贬义词？或许是群体将之"异化"的行为造成的。对待每一件事都抱以一丝不苟的态度固然没有错，然而当人们过度解读，仅为达到获取这种感观上的满足而覆之以光鲜亮丽的外表时，可曾想过无意间已使面对的事物偏离了其本身存在的真谛？这时，从旁观者的角度来看，你的做法具有充足的"仪式感"，然而事实上，你已忘却初始目的，而仅仅沦陷于自我营造的氛围与假象中，如纪伯伦所言"我们走得太远以致忘记当初我们为什么出发"。

从外界环境因素来考虑，"自言羊可种，不信茧成丝"的群众效应的作用亦不容小觑。当"仪式感"的生活初步入观众视野时，人们并未深谙其作用，然而，随着网络信息等媒介物的传播，加之每个受众的猎奇心理与效仿模式，人们逐渐跳入"仪式感"的圈层并盲目扎根，随之而来的是愈发多的看客的加入，因此导致其逐渐渗透进人们的每一个生活层面并反作用于其他人，为了随波逐流，人们开始不自觉地将任何事生硬地扣上"仪式感"之帽，这种形式不仅将其本意拉出了原始航道，也使之渐渐附上贬义色彩。

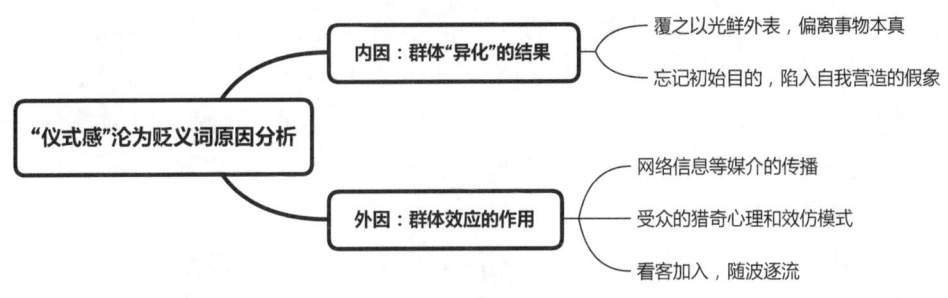

第三节　写好危害分析

面对错误的言论、不合理的现象,我们常常从其产生的不良影响、危害、后果的角度展开分析。这是议论文写作中具体分析的一个重要角度。这一分析角度彰显着学生的批判精神,有利于加强说理的力度和深度,体现写作者针砭时弊的犀利文笔,也是发挥文章匡时济世功用的重要途径。

教师如何指导学生写好危害(后果)分析?学生如何改善说理中的危害分析?首先应该聚焦写危害分析中存在的思维问题,然后通过搭设思维框架,把危害分析"写广""写重""写深"。尤其在驳论文写作中,在如何驳论点或驳论据的写作过程中,更应精心设计危害分析的思维过程,把危害分析说透、说远,这样才能对错误言论和不良现象产生雷霆万钧、泰山压顶的打击之势,并以此引起读者的共情,唤起读者的公愤。

议论文是要阐释并确立自己的主张的,要让自己的观点立起来,它往往不是平地而起,而是在众说纷纭、观点林立的"旧街区"中建立起来的;也就是先要彻底地推倒一座"老房子",才能让用自己的真知灼见所建筑的高楼拔地而起。从这个角度而言,写好危害分析才能彻底推到"旧房子",从而在废墟中建起新的理性大厦。

思维诊断

十七八岁的高中学生,正处于"风华正茂,书生意气"的准成年阶段,他们一方面有着"指点江山,激扬文字"的少年锐气,对社会不良现象和论调往往比较敏感,并能旗帜鲜明地站在某个理想中的制高点上给予抨击;另一方面他们的思想认识还不够成熟,常常激愤之情有余,理性思考不足。因此,学生在写危害分析时,常常存在这三种常见的思维问题。

1. 蜻蜓点水式——思考缺乏深度

面对作文题中呈现的不良社会现象或不正确言论,学生能够想到其危害或者后果,但在进行具体分析时,往往只是点到为止,不能准确抓住错误言论和不良现象的要害,对其偏误之处缺乏深入的剖析开掘。

例如,对以微信群为代表的各种网络社交平台中的"群"给人们生活造成的干扰挤压这一现象,许多同学认为这些"群"会分散同学学习的专注度,甚至让其中那些真假难辨的信息,混淆了自己的视听,干扰了自己的判断。但是学生未能分析到这种现象会造成自我判断力、思考力的下降,以及理性精神、求真精神的消解;有时候甚至会以"网络暴力"的形式伤害某些个人,扭曲人们的认知。这是学生在看问题的思维深度上尚有所欠缺的一个显著表现。

2. 天女散花式——思维过度发散

不少学生能想到错误言论或现象可能造成多方面危害,于是将这些后果危害一一列举,追求思考上的面面俱到,但其实却"面面不到"。也就是在力求思维的广度上过于发散,不能抓住问题的主要矛盾或矛盾的主要方面,因而使得分析绵软无力,无法对敌论进行精准打击。

还是以"群"的危害分析为例。有同学罗列了"分散学习专注度""让时间碎片化""盲目从众""形成刻奇心理""弱化自我判断力""形成群内暴力"等种种危害,分析的确很全面,但对这些危害缺乏整合归类,显得散乱无章,没有条理,也无法聚焦中心。从根源看,在于学生思维发散打开后没有有效聚合,不能做到"重拳出击"。

3. 一分为二式——认知曲解辩证

高中学生在政治学科中学习了"一份为二"的辩证思维方法,知道运用矛盾论的方法从正反两面看问题。于是作文中写任何现象或观点常常分两面来思考,具体表现为先从正面说说优点、好处、意义等,然后从反面说说缺点、坏处、危害等。表面很"辩证",但写的内容往往是"正确的废话",因为任何一个现象或者观点其实都可以从正反利弊两面来分析评价;这种"庸俗的辩证"也没有体现立意上的侧重点,抓不住矛盾的主要方面,凸显不出文章赞美颂扬的力量或批判建设的力度。显然,这类学生只记得"一分为二"的辩证,却没有学会"重点论"的辩证,将辩证分析曲解了,刻板化了。

思维导引

议论文写作的一个重要意义是发现问题、针砭时弊,从而廓清认识,甚至匡时济世。纵览古今文坛,许多流传千古的议论说理巨制往往展现出震耳发聩的震撼力量,一个关键因素在于这些文章能够对社会问题、错误言论所产生的不良影响和危害,分析得鞭辟入里,入木三分,令人深思警醒。如教材中的《师说》一文,韩愈将中唐时期士大夫"耻学于师""群聚笑师"的危害给予了充分的揭示,《过秦论》中,贾谊对秦王朝统治者"仁义不施而攻守之势异也"的形势变化给予了深度剖析。

那么,如何写好危害分析? 关键要从思维方法上下功夫,笔者认为可以从三个角度搭设思维支架,以帮助构建相对完备的逻辑思维体系。

1. 搭设"由点及面"的横向思维支架

所谓"横向思维",是指思维方向具有往横向、往宽处发展的特点。具备这种思维特点的人,思维上能够打破局促狭隘的牢笼,善于举一反三,"知其一更知其二"。

唐代文学家李翱在《杨烈妇传》中有一段精彩的说理文字:

其妻杨氏曰:"君,县令也。寇至当守;力不足,死焉,职也。君如逃,则谁守?"侃曰:"兵与财皆无,将若何?"杨氏曰:"<u>如不守,县为贼所得矣,仓廪皆其积也,府库皆其财也,百姓皆其战士也,国家何有? 夺贼之财而食其食,重赏以令死士,其必济!</u>"于是,召胥吏、百姓于庭,杨氏言曰:"县令诚主也;虽然,<u>岁满则罢去,非若吏人、百姓然。吏人、百姓,邑人也,坟墓存焉,宜相与致死以守其邑,忍失其身而为贼之人耶?</u>"

在大敌当前,众人怯守的关头,杨氏从后果(危害)分析的角度力陈利弊,第一处画线句中杨氏分析了如果临阵脱逃所产生的后果,一是丢县城,二是丢仓廪,三是丢府库,四是丢百姓,将种种后果一一列举,证明弃城而逃有百害而无一利。第二处画线句中杨氏指出百姓若弃城而逃,不仅丢了祖先的坟墓,而且失身为贼,有效激起百姓要与官员同仇敌忾的情感认同。杨氏陈词由此及彼,横向展开,每个点都切中听者心中之痛,极具感染力和说服力。

又如学生习作《勿让品位形式化》语段：

试想，若是这种形式化品位成为主流，会有怎样的后果？如果一个人被形式化的品位所局限，本来多元化的品位变得单一、庸俗，他将陷入一种故步自封的泥潭，放弃了对品位的独立追求，而成为世俗眼中"高品位"的奴隶，被牵着鼻子走而失去了对品位的质疑能力。此外，站在社会层面，这样形式化的追求品位可能会带起奢靡之风，使得人们攀比心理野蛮生长，使利益冲突趋于显性化。这将助长社会的浮躁之气，造成以非理性竞争追求所谓"品位"。

该文针对人们过度追求"品位"而造成的品位被"形式化"现象，分别从个人与社会两个层面分析了其危害后果，从个体层面的"品位庸俗""被高品位所奴役"，到社会层面的"带起奢靡之风""助长浮躁之气"，思考全面而深入。

通过以上分析，我们可以总结搭设"由点及面"的横向思维支架的两个基本思维路径：一是"由此及彼"，即由一个危害点，联想到其他相关的危害点，以此表现危害面之广；二是"由个体到整体""由个体到集体、国家（社会）"，即由个体这个点扩散到群体这个更大的范围，以此凸显危害面之大。

横向思维支架图：

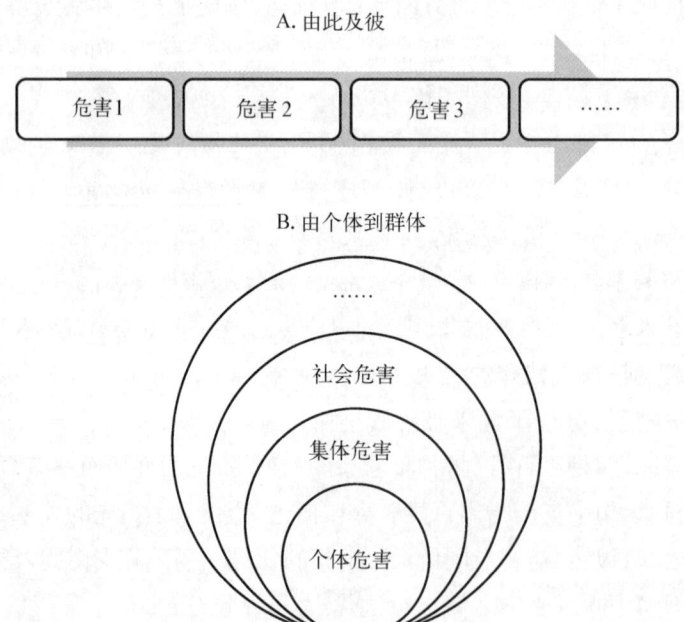

2. 搭设"由近及远"的纵向思维支架

为了研究和实践指导的方便,这里的"纵向思维"主要指以时间为轴,从当前延展到将来的狭义"纵向"。以时序为线索进行分析,能够明晰体现渐变性的动态思考过程,体现对事物动态发展的把握,让说理具有预见性,从而表现说理之深刻。

以鲁迅的《拿来主义》相关语段为例:

当然,能够只是送出去,也不算坏事情,一者见得丰富,二者见得大度。尼采就自诩过他是太阳,光热无穷,只是给予,不想取得。然而尼采究竟不是太阳,他发了疯。中国也不是,虽然有人说,掘起地下的煤来,就足够全世界几百年之用,但是,几百年之后呢?几百年之后,我们当然是化为魂灵,或上天堂,或落了地狱,但我们的子孙是在的,所以还应该给他们留下一点礼品。要不然,则当佳节大典之际,他们拿不出东西来,只好磕头贺喜,讨一点残羹冷炙做奖赏。

在这个语段之中,鲁迅先生对"送去主义"的后果进行了批判。先生以"挖煤"为喻,"掘起地下的煤来,就足够全世界几百年之用"实际影射文化上的"送去主义"会导致文化的虚无主义;然后以"几百年之后呢"一句将思考引向长远,指出"拿不出东西来""讨一点残羹冷炙"的长远危害,也就是一味地"送去",必将导致被迫接受"文化入侵"的悲惨下场。先生深谋远虑,高瞻远瞩的思考令人折服!

这种由近到远的纵向思维,是先指出眼前后果、当下危害,然后将思考延伸到长远的后果危害。运用以时间为序的线性纵向思维,能够把危害的长远性、持久性写出来,从而写出危害之重、之大、之深。

纵向思维支架图:

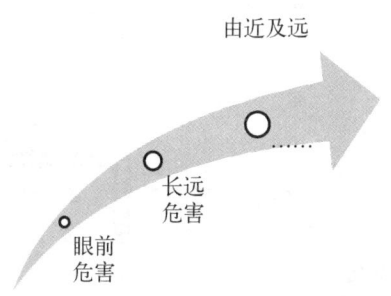

3. 搭设"由浅入深"的阶梯思维支架

"阶梯"即台阶,其特点有二:一是分层级,二是层级之间有高低落差。用之形容思维,主要用来表征思考的各点之间呈现深度上的有序级差,能够将思维"由浅入深"的特点给予形象呈现。

以学生习作《群中独处》为例:

群中消息更新马不停蹄,八卦嚼舌推陈出新。在这锅热闹沸腾的汤中,我们常常为凡俗琐事所羁绊,在热闹嘈杂与身份切换的庸碌间遗忘了自我独处的能力。从根本而言,是"群"式交往的爆发性、强制性力量挤压了个体自我的生存空间,个体广阔的外在自由距离被逼仄进狭小固定的"群"里,"群"内空间的有限性与个体自由的无限性形成尖锐矛盾,使人们不得不让渡独立个体本应有的权利,而以一种有苦难言的异化状态"孤独"地置身于群体的声浪与喧嚣之中,自怨自艾,顾影自怜。进而在内心世界中萌生出脱身群体,"离群索居"的诉求。

在这则分析"群"的危害的语段中,作者先写到"为凡人琐事所羁绊"和"遗忘了自我独处的能力"之后果,以此入手展开深度思考,分析"后果"之后的"后果",先是"挤压了个体自我的生存空间",由此推出"让渡独立个体本应有的权利",进而推出"自怨自艾,顾影自怜"的后果,最后推出"脱身群体,离群索居的诉求"。分析逐渐推演开去,从眼前显见之危害推导出种种深层危害,各点之间呈现逐渐上升(深入)态势。

"由浅入深"的阶梯思维,即先分析浅层危害,再论由此导致的深层后果,从而深化后果的严重性,以体现批判的力度。其具体的思路是:从看得见的后果危害写起,以此为思考的起点,进一步思考这种表层危害会进一步引发怎样的后果,运用"多米诺骨牌"效应的推理模式,将分析引向深入。

阶梯思维支架图:

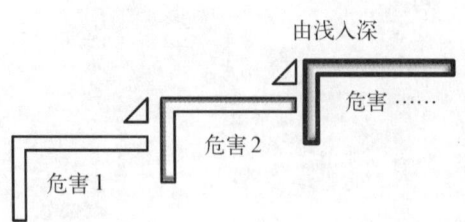

总之，写危害分析的思维着力点在于通过搭建思维支架，帮助构建逻辑思维路径，形成思维方法，从而促进深刻性、敏捷性、灵活性、批判性和独创性等思维品质的提升。从哲学辩证法视角来看，以上三种思维支架合理运用了"联系的观点看问题"和"发展的观点看问题"的思考方法，分别从横向（空间）、纵向（时间）、逻辑（递进）三个维度构建起相对立体完整的思考路径和思维坐标。

其实，以上思维支架不仅适用于危害分析，它广泛适用于各种分析的角度，具有较大普适性，能够让思维升格到更有序、更科学、更缜密的水平状态。

案例分析

❖ **案例1：《青年在选择职业时的考虑》片段（马克思）**

我们的体质常常威胁我们，可是任何人也不敢藐视它的权利。

诚然，我们能够超越体质的限制，<u>但这么一来，我们也就垮得更快</u>；在这种情况下，我们就是冒险把大厦筑在松软的废墟上，<u>我们的一生也就变成一场精神原则和肉体原则之间的不幸的斗争</u>。但是，<u>一个不能克服自身相互斗争的因素的人，又怎能抗拒生活的猛烈冲击，怎能安静地从事活动呢？</u>然而只有从安静中才能产生伟大壮丽的事业，安静是唯一生长出成熟果实的土壤。

尽管我们由于体质不适合我们的职业，不能持久地工作，而且工作起来也很少乐趣，但是，为了恪尽职守而牺牲自己幸福的思想激励着我们不顾体弱去努力工作。<u>如果我们选择了能力不能胜任的职业，那么我们决不能把它做好，我们很快就会自愧无能，并对自己说，我们是无用的人，是不能完成自己使命的社会成员。由此产生的必然结果就是妄自菲薄</u>。还有比这更痛苦的感情吗？还有比这更难于靠外界的赐予来补偿的感情吗？妄自菲薄是一条毒蛇，它永远啮噬着我们心灵，吮吸着其中滋润生命的血液，注入厌世和绝望的毒液。

<u>如果我们错误地估计了自己的能力，以为能够胜任经过周密考虑而选定的职业，那么这种错误将使我们受到惩罚。即使不受到外界指责，我们也会感到比外界指责更为可怕的痛苦</u>。

这是马克思十八岁时的中学作文中的一段节选文字。这篇文章首先提出了"认真权衡职业选择是青年的首要责任"的观点，接着作者分析了"青年选择职

业时应该考虑的因素",选段就出自于这部分内容,论述了体质和能力这两个因素。首先看"体质"这个因素,作者假设我们选择了超越体质限制的工作,推出可能"垮得更快""一生也就变成一场精神原则和肉体原则之间的不幸的斗争"的结果;然后进一步假设,"一个不能克服自身相互斗争"的人,必然导致无法"抗拒生活的猛烈冲击",不能"安静地从事活动"的结局。其次,作者论述"能力"这个因素。作者先假设"如果我们选择了能力不能胜任的职业",就必将产生"自愧无能"和"妄自菲薄"的心态;接着假设"如果我们错误地估计了自己的能力",必将承受"受到惩罚""感到痛苦"的后果。

这几段文字在分析上有一个共同的思维方法,就是先从反面假设,然后分析其产生的危害、后果,从而论述青年在选择职业时要认真考虑自己的体质和能力这两个因素。通过反面假设言明其危害,从而有力地证明了作者的观点立场。当然,也可以从正面论述在考虑好了体质和能力因素后选择职业的好处、价值,但是从说理的效果看,从正面进行价值分析颇有点说教意味,不如从反面做危害分析更有劝诫作用。

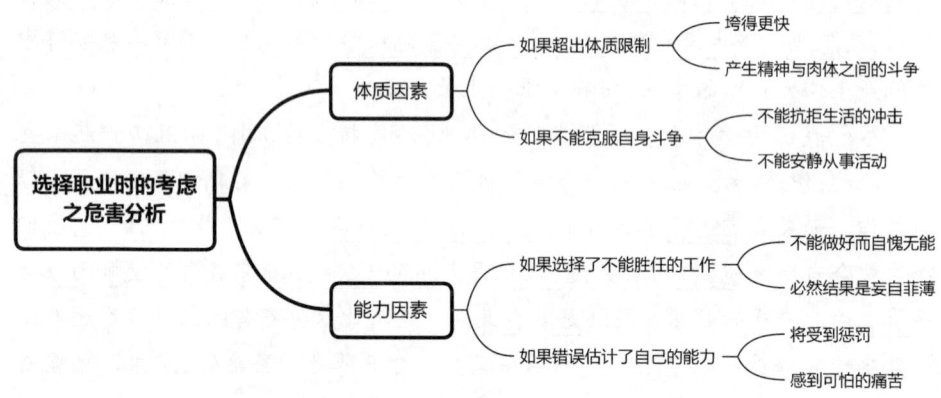

❖ 案例2:学生习作《何当共剪西窗烛》(徐陈妍)

当生活的每一个缝隙被手机填满,灵魂仿佛已然被全盘吸入那个"魔盒"中,我们是否还有勇气回望心灵,抛开手机,去期盼那份"何当共剪西窗烛"感人肺腑的灵魂相叙?

"低头族"的盛行是一场科技麻痹心灵的"狂欢",人们交付出身心与情感,只为了在虚拟世界里找到一丝在现实中无处可寻的存在感。然而这样无时无刻地"灵魂交易"逐渐让人们的情感扁平化发展，在浑然不知中成为手机的俘虏。

手机在充分利用我们碎片化时间的同时，<u>也在很大程度上割裂我们的整体时间</u>。我们时不时地低头浏览手机似乎是在及时有效地利用这些碎片化的时间，然而这样的习惯性动作会蔓延至我们的工作时间，这时的浏览便是在割裂我们的整体时间，从而导致效率与质量的下降，<u>致使时间的无效性拉长，因而，我们可以说是不自控的"低头"让时间分块化、粉末化</u>。

手机在促进我们在虚拟世界情感交流的同时也在<u>逐步抽离我们对现实的种种知觉</u>。FaceBook总裁扎克伯格曾发布过一张照片，场景是他正从一群带着VR头盔正体验虚拟世界快感的人们身边走过，有评论说："未来的生活里，当我们沉浸在虚拟世界而不知不觉时，我们的领导者在我们身边走过。"诚然，当整个社会都陷入在一种比"低头族"更僵化的生存状态时，每个人都戴着这样一个VR头盔活在虚无缥缈的另一个世界而浑然不知时，出现的是<u>如多米诺骨牌一样齐齐崩塌的价值观</u>，更是<u>一个社会的趋同化发展</u>。人们仿佛将自我套入一层塑料袋中，屏蔽了现实的种种干扰，扁平化情感，<u>对真实生活中的人产生厌离疏远的情感</u>，只有似于"归隐山林"的"超脱世俗"之意，令人有所沉思。

那么，在时间被快速压榨化、情感体验瞬时消失化的今天，我们该如何重回生活本真？去寻觅人与人之间"何当共剪西窗烛"的温情脉脉呢？

村上春树曾提出过"小确幸"的概念，意味着把握生活中微小而确定的幸福，这在物欲膨胀、人心焦躁的今天有着现实意义。手机带给人们沉浸其中的欲望来源是企图在交流中获得情感的慰藉，或是一种被认知的幸福感，如果我们尝试着将这种寻求认知的渴望转移到现实生活的方寸之间，变成寻找微小满足感的一种愿望，为"摸摸口袋，发现有钱；拿起听筒，发现是刚才想念的人"诸如此类微小而确定的幸福所雀跃，在感知如"坐看云起时"的生活细节重回心灵本真，收获温情。我们自然会发现手机中的情感寄托有如"海市蜃楼"的虚无感那样不值一提。

我们恭候"何当共剪西窗烛"的灵魂沙龙，为契合尚有温情的心灵，为低头族们的迷途知返，为讳莫如深年代里的一派脉脉温情。

全文针对当下十分普遍的"低头族"现象，着力分析人们普遍沉浸在手机所提供的网络虚拟世界中所产生的后果、危害。值得注意的是作者并不只看到这一现象的危害，而是在部分承认其正面作用的前提下重点分析其危害，体现了作者良好的思辨性思维素养。纵观全文，作者先指出"让人们的情感扁平化发展，在浑然不知中成为手机的俘虏"这一后果，然后指出"割裂我们的整体时间""导致效率与质量的下降""让时间分块化、粉末化"等危害，进而指出"如多米诺骨牌一样齐齐崩塌的价值观""一个社会的趋同化发展""对真实生活中的人产生厌离疏远"等更多危害。全文呈现出了如此丰富的危害分析，但多而不乱，主要从"情感扁平化""时间碎片化""抽离现实知觉"三个方面横向并列展开。作者通过这样层层剖析，把"低头族"现象所产生的危害逐层展示，表现了可贵的忧患意识和批判精神；为后文提出"如何重回生活本真"，寻觅人间脉脉温情的主张提供足够的理由支撑。全文先破后立，以破为主，破立结合，思维逻辑链条清晰合理。

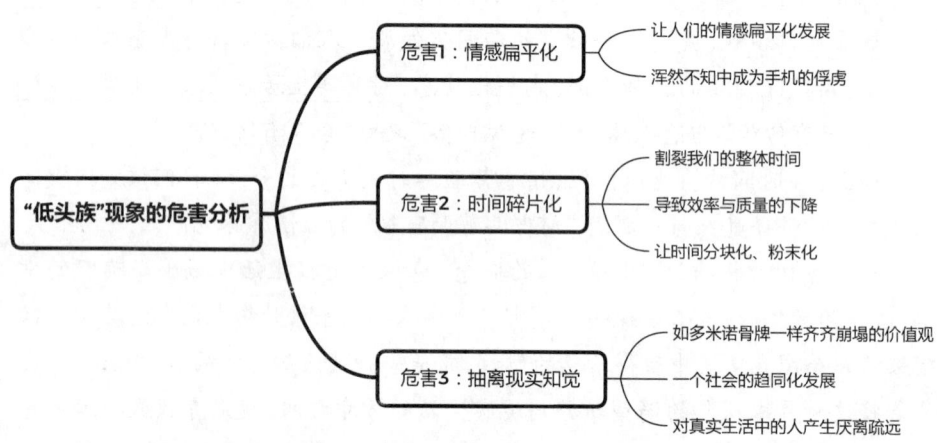

❖ **案例3：学生习作《行动是善良之本》片段**

更重要的是，<u>不通过行动去表达善良，久而久之，"善"便沦为那"止于言辞的祝福"</u>。在微博上转发点赞、评论祈祷，这些"不费吹灰之力"之事将成为我们愿为善良付出的唯一代价，<u>利己主义思想如同野草，不可抑制地在我们"善"的心灵上扎根、蔓延</u>。正如芥川龙之介言，"理性带给我们的终将是理性的苍白"，我们变得思前想后，<u>在维护自己利益与用行动去表达善良之间踌躇犹豫，</u>

殊不知在我们迟疑的一刹那,善良已悄然离我们远去。

茨威格有言,"在同时性的新机制下,没有一处可以逃遁的土地,没有一种可以用钱买到的安宁",如今的网络时代更是如此。当我们每一个人都"自扫门前雪"而"不管他人瓦上霜",当我们无一例外吝啬于用行动表达善意,执着地"坚守"自己那些蝇营小利,那么,当我们自己沦为需要帮助的一方,处在被海浪淹没的边缘,又有谁会给我们递来救生圈,拉我们上岸呢?恐怕只能收获评论中的几支蜡烛,转发配文的"加油"字样。我们是受害者亦是同谋。

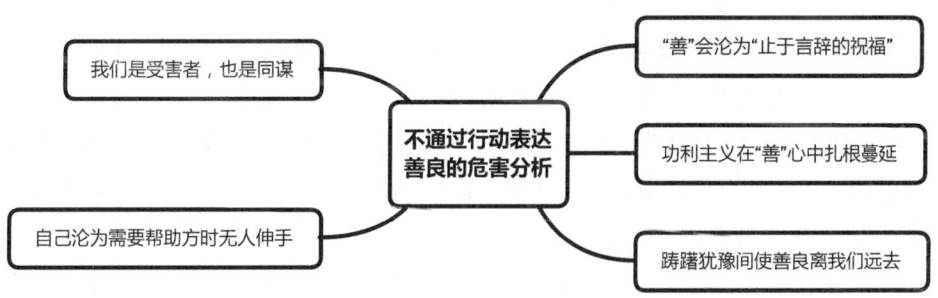

第四节　写好价值分析

面对正确的立场观点,积极正面的现象事件,以及自己提出的合理主张,我们常常要对支撑观点的理由,或现象的合理性做出分析,这种分析是揭示意义,指出价值的分析,也就是我们常说的"价值分析"或"意义分析"。

在"证明式"议论文中,我们通常使用这种分析策略,其思维形态类似于做数学中的证明题,即先呈现某个判断并以之为观点或分论点,然后分析这一观点成立的理由。从思维过程上看有些类似于由"果"及"因",但这里的"理由"有别于原因分析,它是揭示观点(分论点)能够成立所产生的意义、作用、价值,摆出"理由"也就是分析观点(分论点)所能成立的支撑点,从而让观点在道理或事实上更有说服力。

如何在议论文写作中有效、有序开展价值分析?首先要从认知角度明白,价值(作用、意义、正面影响)具有复杂性和多元性,通常而言包括显性价值和隐性价值、直接价值和间接价值、眼前性价值和长远性价值、局部性价值和整体性价值、物质性价值和精神性价值等。其次要围绕写作情境,合理灵活地掌握从多角度展开价值分析的方法,养成"系统性"进行价值分析的思维习惯。教师要准确研判学生的"写作困难",在此基础上铺设写作支架以帮助学生完成写作任务。

思维诊断

学生在写价值分析的过程中,主要存在的三种思维问题:

1. 价值分析"俗论化"

所谓"俗论化"即学生缺乏独立思考,以现世公论、常识来取代自己的个性化思考,要么写出理性缺如的"幼稚论调",要么写出妇孺皆知的"陈词滥调",或是街巷闲聊似的"家长里短"。

例如"如何看待中国年年堪忧的图书借阅率"这一话题,学生通常长篇累牍地论述读书的重要性,提出的理由无外乎"读书可以让人们获取知识,增强本领""读书能够提高人的文化素养和思想认识"之类。道理固然正确,但大多是一些无须赘述而早已被人们所接受并成为共识的认识,这样的分析如同"正确的废话"。学生不能从当下物欲泛滥、人心浮躁、社会发展日新月异的视角来重新审视阅读的价值,写出有一定现实针对性的结论。

2. 价值分析"杂糅化"

所谓"杂糅化"主要表现为各条价值意义分析之间缺乏必要的思维关联,甚至出现彼此之间相互包含,乃至同语反复的问题。

还是以证明当下社会读书意义重大的话题为例。有同学提出这么几条理由(读书的价值):一是读书可以让我们多学知识,跟上时代的发展;二是能够多学本领,不被时代淘汰;三是能够打下立身社会的"资本"。这三则"价值"逐段排开,看上去很齐整,也颇有道理,但仔细想想,"知识"本来就是"本领"的构成部分,而所谓"资本"不还是包含"知识""本领"吗?可见学生的思维看似有所打开,但仍然在一个狭小的范围内打圈,写出的几个条目只是在文字表述上做些变换而已。

3. 价值分析"事例化"

这是初学议论文写作时同学常用的办法,即所谓"分析说理不够,运用事例来凑"。这类同学往往在提出一个观点后,就开始事例的长篇叙述,然后结尾处来一句"由此可见……"。但是,事例是怎么证明观点的?事例的普遍性如何?从事例中可以提炼出怎样的事理从而证明观点?等等,这些必要的分析过程全然不见,这是犯了"以叙代议"的毛病。我们常把这种文章总结为:观点+事例=失败。

以上三点是学生写价值分析时的常见病,是学生面临的实实在在的"写作困难",究其实质,是学生不会思考,根子在于思维过程混乱无序,缺少思维路径。这时候,老师为学生创设思维过程的"支架",便成为帮助学生攻坚克难的关键。

思维导引

要解决学生价值分析中的问题,关键还是要帮助学生构建科学缜密的思维逻辑。当文章提出某种主张,证明某个观点或倡导某种行为、现象的时候,除了应该思考支撑它的充足理由(价值意义)之外,检视这些"理由"的独特性、创见性,以及其合理性、内在的关联性,就显得尤为重要。如何检视"理由"是否充分?"理由"和观点之间、"理由"与"理由"之间是否有清晰可见的逻辑关联?我们可以从这几个角度来展开:

1. 视角力求独到

所谓"独到",就是"与众不同"。在价值分析中追求"独到",就是要尽力避免重复已成公论共识的且相对浅显的看法,力求写出具有时代针对性和思维创见性的有一定思考深度的看法。梁启超先生说"徒说空话,没有做论文主体之价值;已公认之事实,也没有做文章主体的价值。譬如说中国非自强不可,这是大家公认的事实,无须讨论。"将价值分析放在条陈业已成为人们共识性的认知上,显然是放弃了独立思考,也让读者感觉立论俗套、空洞,味同嚼蜡。

下面我们以论证"网络时代仍需阅读纸质书籍"这一观点为例,通过创设表格作为写作过程支架以优化价值分析。

【表格】 头脑风暴——去"伪"存"真"

头脑风暴：网络时代纸质阅读的多个理由	1. _____ 2. _____ 3. _____ 4. _____ 5. ……	去"伪"存"真"：留下切合时代特点的3条"真"理由	1. _____ 2. _____ 3. _____

活动一："头脑风暴"——小组交流在网络时代阅读纸质书籍的理由。

通过讨论，同学们得出以下理由：获取更多的知识、信息；开阔视野，丰富人生体验；和智者对话，获取思想启迪，提高文化修养；知古鉴今，知人察己；反复咀嚼，含英咀华；避免碎片化信息，看见"知识"之整体；纸墨留香，平复焦躁之心……

活动二：去"伪"存"真"——小组成员深入思辨，挑出符合切合当下之需的好理由、"真"理由。

通过深入讨论，同学们对以上理由进行检视辨析。发现前4个理由并非阅读纸质书籍所独有的价值，后面几个理由正是网络阅读所不具备而纸质阅读方才具有的独特价值，从而找到了纸质书籍的魅力所在。

可见，运用上面的表格工具，一方面激活了学生活跃的思维，另一方面让学生天马行空的思维聚焦于支撑观点的关键理由，能够避免学生泛泛而谈，提升思考的针对性和缜密性，写出"为时而著"的好文章，这就成功引导学生的思维走向了"合理的独特"。

2. 视角互不包含

所谓视角"互不包含"，是借用数学中的集合概念，也就是依据一定的分类标准，将对象进行分类，形成各自独立且相互没有交集的子集，共同组构成一个大集合。这里有两个思考的关键点：一是分类的依据必须具有同一性，二是子集项尽量可以"分割"全集所有包含的对象且不明显存在其他子项可能。在价值分析中，当同学们进行头脑风暴，想出多条"价值""理由"后，如何确保这些"理由"之间角度散开，彼此不交叉重复，就需要对种种"理由"进行区分、归并，使它们各自相互独立，且彼此关联，从不同角度支撑观点。

下面以论述"寂寞的价值"这一观点为例。

【集合图】 切分全集——子集互不包含

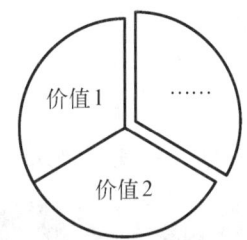

活动一：以"寂寞的价值"为全集，思考它可以包含哪些子集。
活动二：检视这些子集是否有交集，是否互为包含关系。
学生习作片段：

人在寂寞中能笃志苦思，激发个人才能，助其在某个领域有所建树。"古来圣贤皆寂寞"，李白在寂寞中以酒为慰藉，创造出诗仙独有的奇幻境界；班婕妤因赵氏姐妹而失宠，深闺寂寞中《怨歌行》出世，并流传至今；哥白尼为教皇囚禁，深锁囚牢，彻悟天体运行论之规律。只有寂寞的时候灵感才会涌现，寂寞成为孕育伟大思想的温床，教人心无旁骛，在寂寞中砥砺前行，直至黎明的曙光。

寂寞还能让人摒弃杂念，获得精神的升华。有些路只能一个人走，有些关只能一个人闯。"举世皆浊我独清，众人皆醉我独醒"，屈原高瞻远瞩不为群小所容，却愈发坚定了他在寂寞中独舞；辛弃疾空有大志，把栏杆拍遍，然而无数诗篇巨制，为其寂寞人生赢得身后美名。他们都是寂寞的，但他们能清醒地维护自己的人格和内心，在精神层面登上了人类的高峰。

在这两段文字中，作者从"激发人的才能，有所建树"和"摒弃杂念，精神升华"两个角度，阐述寂寞对于人生的意义和价值。这两点一是"有形"的功业层面，二是"无形"的精神层面，两点之间互为表里内外，相互独立，互不包含，合理明确地"分割"了人生成就的两大方面，能全面支撑作者要论述的"寂寞的价值"。

3. 视角形成体系

所谓"形成体系"，是指各点之间有着内在的逻辑性关联，形成相对完整的逻辑链条。这种逻辑链条形成的体系主要包含两种关系：一是点与点的并列关系，二是点与点的层进关系。

以《守住心灵的契约》的作文题为例。我们可以引导学生联想到社会生活的诸多方面，从多领域来支撑观点蕴含的价值意义。

具体可以建立以下思考路径：

（1）由点到点的平行并列。如"经济——科技——艺术……""物质——精神""中国——外国"等等。

【平行并列图】 多点并列——横纵展开

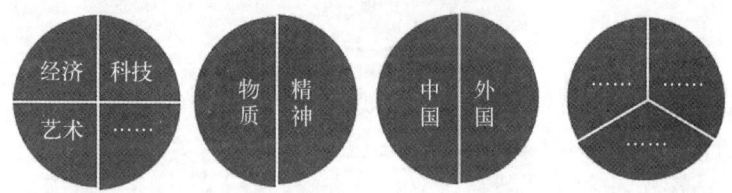

例如：从"经济——科技——艺术……"的并列关系展开价值分析：

经济生产领域中，企业经营者，如能守住心灵契约，恪守道德良知的底线，不为追求短期经济效益而偷工减料，以次充好，甚至假冒伪劣，就可以将中国制造打造成国民信赖、国际认可的品牌代名词。

在文化艺术领域，我国的艺术工作者如坚守当年从业时的那份理想信念，就能少一份对国外艺术品牌的复制，少一份在潜规则面前的默契，多一点自我创新，我们就能享受到更多富有民族文化内涵和民族创新精神的文化产品。这样才能让我们走上文化大国复兴的道路。

在竞技体育领域，如果每一个运动员能坚守对于反兴奋剂问题的承诺，把这份承诺牢记于心，他们就不会为了名次奖牌铤而走险，违规用药；就能还竞技赛场一个干净的平台，使公平竞赛的精神得以传承延续。

（2）由点到面的层进关系。如"个人——集体——国家""自我——学生——人们"等。

【层进关系图】 多点层进——由小到大

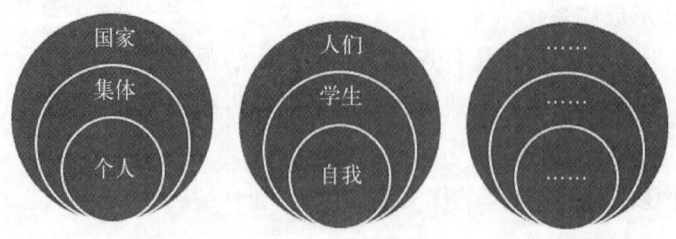

例如：从"个体——集体——国家"的层进关系展开价值分析：

从个体层面而言，每个政府官员如能坚守自我的道德底线，心怀责任感与使命感，就能在其位谋其政，造福一方百姓；这样才能在面对私利和欲望的引诱下，保持初心，守住心灵承诺，不做社会蛀虫。从整个国家层面而言，弘扬正气，宣传先进，严惩贪腐干部，让社会舆论和法律监督双管齐下，就能督促在位者洁身自好，保持公仆本色，共同推动社会民主文明和谐发展。

通过以上几种关系图，学生的思考就有了明晰的路径，能够从横向和纵向等维度展开价值分析，并且实现了用相对完整的逻辑体系来合理支撑观点的目标。从而达到帮助学生克服思维的无序，学会遵照逻辑顺序驾驭思维，让思维合理规整，层次分明的目标。

梁启超说："凡主张一说，必不止一种理由；必从几方面视察而来，最好是照思想的路径写出。"叶圣陶也说："议论的路径就是思想的路径。"所谓"思想的路径"就是思维路径，而思维路径应该沿着"过程支架"有序延展。写价值分析如此，写归因分析、危害分析、对策分析等莫不如此。教师对学生写作的过程指导，不应只是静态的知识方法的讲解指导，而是对学生动态思维过程的指引，这样才能有效克服学生思维不能发散或过度发散不能聚焦，不能合理延伸的写作之困。

案例分析

❖ **案例1：《劝学》节选（荀子）**

君子曰：学不可以已。

青，取之于蓝，而青于蓝；冰，水为之，而寒于水。木直中绳，輮以为轮，其曲中规。虽有槁暴，不复挺者，輮使之然也。故木受绳则直，金就砺则利，君子博学而日参省乎己，则知明而行无过矣。

故不登高山，不知天之高也；不临深溪，不知地之厚也；不闻先王之遗言，不知学问之大也。干、越、夷、貉之子，生而同声，长而异俗，教使之然也。诗曰："嗟尔君子，无恒安息。靖共尔位，好是正直。神之听之，介尔景福。"神莫大于化道，福莫长于无祸。

吾尝终日而思矣,不如须臾之所学也;吾尝跂而望矣,不如登高之博见也。登高而招,臂非加长也,而见者远;顺风而呼,声非加疾也,而闻者彰。假舆马者,非利足也,而致千里;假舟楫者,非能水也,而绝江河。君子生非异也,善假于物也。

这是《劝学》一文开头四段,四段之间逻辑清晰,层次分明。第一段提出观点,指出学习是不可以停止的,也就是君子要不断地学习。接下来三段从不同角度论述"为什么要不断地学习":第二段指出君子通过学习可以智慧明达因而不犯错误,具体通过靛青、冰、木、金四个比喻形象说明学习可以使人提升,让人改变;第三段指出通过教育可以让天生没有多少差别的人产生差异;第四段再次借助比喻分析学习可以改变人不良天性。作者基于性恶论的基本立场,从不同角度分析后天学习对于改变本恶的人性的重要价值;分别从学习(教育)可以改变人、提升人,可以让人产生差异,可以改变人的本性这三个角度层层深入展开分析,从而由浅入深地分析了学习(教育)之于人的意义、价值。

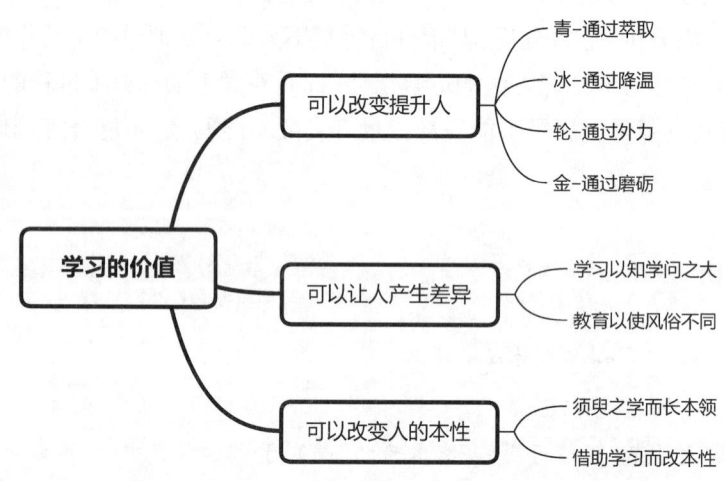

❖ 案例2:《拥抱外界,回归自我》(2019年上海高考优秀作文)

2019年上海秋季高考作文题:

倾听了不同国家的音乐,接触了不同风格的异域音调,我由此对音乐的"中国味"有了更深刻的感受,从而更有意识地去寻找"中国味"。这段话可以启发人们如何去认识事物。请写一篇文章,谈谈你对上述材料的思考和感悟。

拥抱外界，回归自我
（一考生）

艾略特曾言：我们依内心向外探索，而一切探索的终点，将是回归自我内心的原野。我们会发现物归原始，此境初时。我认为我们应像艾略特所说的那样，在认识外界的参差多元后，依然明确于自我目标。

不同国家的音乐，不同风格的异域音调，象征外界评论思考与道德判断的立场与声音。而在对中国味有更深感受后，我们更有意识地寻找象征中国味的独特价值与基于自身的价值诉求。认识多元的外物，倾听他人声音，可以打破原先的认识桎梏，而将自己放于更大世界中博采众长，了解他人价值。自我的认识判断难免狭隘，个人的事业与生长环境，家庭背景，与社会观念紧密相连，了解他人，更是对充满主观色彩认识的补充与升华，发现更多价值。

见外界拥抱多元的认识态度，更促成创新思维的发现。同一空间中，不同价值观念的碰撞是对价值与认识的放大。如不同国家的科研工作者们站在普适立场上，通力合作，各自发出自己的声音，推动无数产品的问世。如果说自己是阳面的孤岛，而人放于社会，定与他人相连，拥抱外界的认知是由岛到岛链，点到面的飞升。而人一味地探索外界，将会让人流连，而放弃自身的中国味。网络世界的狂热，以及理性思考的缺失，更让现代社会人们成为集体附庸，被外界同化，这实则可悲。基于此在拥抱外界后回归自我，是将他人之因用于自身，以取长补短发挥出自我的价值。李白与杜甫的相遇，让他们会友谈诗改诗，这使李白诗风更贴近民生，杜诗也增添清朗俊逸之风，他们终分别而回归自我，但他们更有意识地寻找自我诗风，他们以交流与博学撑起了唐代诗坛一片高不可及的天空，更谱出了一段文人"相重"的千古佳话。

那对中国味有了更深感受后，我们更可以在拥抱外界后改造外界，尽自己所能，让外在世界更美好。梭罗厌弃城市喧嚣后，来到了瓦尔登湖畔隐居三年，在聆听自然之音后回归城市，将所思所想改造工业浪潮下的城市。他本着探寻人与自然相处之道，从而更深刻的认识自身，回馈社会。我们亦是如此，在聆听外界声音后，发挥潜能在内心的原野里建树，为自己及他人生活增添美好，在社会里修一个高山仰止的心境，并做轮廓分明的自己，拥抱外在多元后调整自己的认识，并更清晰的探求自我的目标。

正如斯宾诺莎所说：心有理解万物的必然性，理解的范围有多大，便能更清晰的探寻自我，而不被外物所苦。是啊！拥抱外界后回归自我，是对个人价值的成全，是对社会的福祉。

文章开门见山提出观点：我们应该在认识外界的参差多元后，依然明确于自我目标。这一观点揭示了了解认识外界多元文化对于认识和发展自身文化的重要价值。全文正是围绕这个点来整体架构，逐层展开分析。首先分析指出"可以打破原先的认识桎梏，而将自己放于更大世界中博采众长，了解他人价值"；然后指出"拥抱多元的认识态度，更促成创新思维的发现，将他人之因用于自身，以取长补短发挥出自我的价值"；最后指出"可以在拥抱外界后改造外界，尽自己所能，让外在世界更美好"。这三点价值可概括为"博采众长，了解他人""取长补短，发展自我""尽己所能，改造世界"，三者之间逐层递进，将认识外界多元文化的意义和价值阐述得十分全面而深刻。

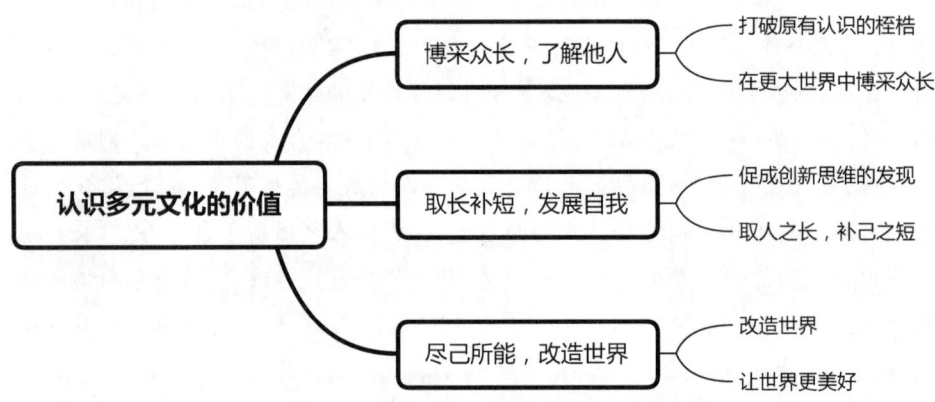

❖ **案例3：学生习作《负重前行》片段**

诚然，人大抵是追求安逸的动物，正如常言道，人生最幸福之事莫过于吃得一顿饱饭，后有榻可眠，再饱睡一觉。可见安逸、平凡的快乐在人们心中的地位，这也就不难去理解，不安的现状为何是人们心中的郁结，惧之而唯恐避之不及。因其实与人类的动物本性相违背，而克服动物本性也绝非易事。

可就因其非易事，人们就不用再跳出自己的舒适区去迎面不安了吗？我也言，绝不！

首先，不安的现状虽使人类生活中一部分的安全感剥落，可这一部分面对未来的裸露却是人类迎击挑战的最大动力。因为有所不安，所以才有拼尽全力一搏的勇气。只有这份难能可贵的、最原始的、最纯净的勇气才包含有最难以预测的力量，而最深不可测的力量才会带来最艰难挑战的成功。可在安逸中，人虽似有洞悉一切的掌控感，但不论拥有多么坚定的拼搏欲望，他的力量感总是打了折扣，温水中的青蛙绝无可能跳出眼前的囚笼与困境。

而更为重要的是不安背后带来的思考。人在不安全的环境中，更能预知、更能掌控自己的生命密码。不安在激发人们斗志的同时，也推着人们在找寻自我的道路上前进。在不安中，人们更愿意也更能做到窥探摸索真实的自己。也审视来时的路，映照反思；也思索未来的路，带来新的生命动力。不安的背后，是人类对自己一次又一次深入地剖析与了解，是灵魂发出的一次又一次呐喊，回音响彻你的人生长途。但在舒服的环境中，人既已达到眼前愿景而心满意足，又怎么会对自己加以生命的拷问？愿意被禁锢在水月镜花中的人，永远也不具备发现并探知自己的能力，而他们似乎也从未需要过，悲矣！

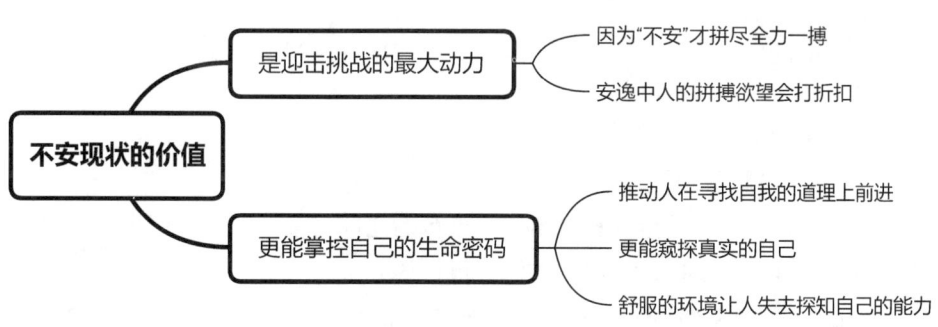

第五节　写好对策分析

夏丏尊先生认为"议论文是发挥自己的主张，批判别人的意见，以使人承认为目的文字"，"批判别人意见"是驳斥即"破"的过程，"使人承认"是确立即

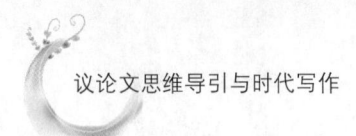

"立"的过程;议论文中"破"与"立"有着一体两面、相依相成的关系。在议论文写作中,针对某个具体问题,如社会上的负面现象或人们有所偏失的观点论调,除了从实质、原因、危害等不同角度进行分析、批驳外,提出自己的对策建言,是写作中必不可少的一个思考环节,他影响到"使人承认"的写作目的之达成。正所谓要能"推倒一栋房子",更要能够"重建一栋房子"。这也是议论文写作分析阐述中的一个重要环节,这个环节体现思考过程的完整性,也能够彰显思考的深度和文章经世致用的现实功能。

长期以来,我们常常把议论文的整体篇章架构概括为"是什么-为什么-怎么办"这三个基本步骤,而写好对策分析对应的就是"怎么办"的部分。从内容上看,对策分析包括改正纠错的办法、完善改变的措施、发展壮大的做法、补充优化的建言等等。

那么,如何写好对策分析,回答好"怎么办"的问题?我们首先对学生在对策分析中存在的思维问题进行梳理归纳,然后尝试通过铺设思维支架的办法,探索写好对策分析的思维路径,从而突显对策分析部分的针对性和可行性。

思维诊断

1. 对策分析之问题种种

(1) 对策"虚无"化

所谓"虚无",一是指没有提出切实可行的建议对策。二是看似提出了建议对策,实则只是一种愿望,没有指出切实可行的办法。

例如,我们经常听到父母这样教育孩子:面对孩子考试成绩不理想,父母问该怎么办?孩子说:"下次考好点。"孩子显然答非所问。"考好点"是愿望目标而不是改善学习,争取考好的对策。作文中也有类似现象。例如,面对人们"被需要"意识的缺乏,学生便以"要树立服务他人,满足他人需要的意识"为建议;面对"人乐于接受对生活的预测",学生提出"我们不要只听别人的预测"的建议。看似都是对策,实则没有具体思考,比较虚无,缺乏可操作性。

(2) 对策"药单"化

与上述虚无的对策相比,有的同学写出了具体的思考,于是有了建议1、2、

3……似乎面面俱到,考虑周全,但各条对策间没有必然关联,且抓不住重点。关键是没有和文中的归因分析形成对应,更没有依据问题的本质提出针对性的举措。对策如"药单"品种门类繁多,实则如同"万金油",是可有可无之鸡肋,没有做到"对症下药"。

(3)对策"空洞"化

主要体现在对策建议片面追求所谓"高屋建瓴",提出了相对笼统的教条式套话。例如大凡写到人的道德素养方面的话题,就把"要阅读"作为建议;写到群体性问题,就搬出"自我约束"为对策;写到看问题片面肤浅就指出要"运用理性,辩证看待"等等。这些空洞的言辞无法掩盖大而无当、空而无方的具体分析的缺失。

2."问题"背后的思维缺陷

对策分析中出现的种种问题,究其本源,是思维的问题。主要有以下两种:

(1)思维流于浅表

所谓思维的"浅表",是指看不到问题背后的实质,无法找到问题形成的本源,而使得对策分析不能切中要害,只是"头痛医头脚痛医脚",治标不治本。

如上述"人们'被需要'意识缺乏"的问题。如能进一步追问这种"意识缺乏"的内在原因,发现一些人自私自利行为背后的价值取向偏失、社会责任意识淡漠等,我们就能从人们的价值取向和意识转变的深层次上,提出有深度的对策建言。

(2)思维过度发散

高中学生思维的一个显著特点是"发散性",适度发散有利于打开思路,但过度发散却导致思考不能聚焦,使对策分析无法聚焦于主要矛盾,不能针对主要矛盾或矛盾的主要方面,而有的放矢地提出解决办法。这就使得对策分析看似面面俱到,实则没有重点,缺乏说服力。这种思维毛病前文也多有论及。

思维导引

如何克服对策分析中的以上问题,首先要明白对策分析是提出真知灼见,体现认知水平的关键之部分,所以要务求对策的命意高度,即能给人廓清认识,重构认知的思想启迪。其次要将对策具体化,体现可操作性、可执行性;也就是从"知"与"行"相结合的角度,让对策具体而有针对性,即"对症下药"。此外,我们还可以进一步反思:如何让对策更有说服力?是否有可借鉴的范本?对策要落地需要具备什么条件?等等。

笔者尝试运用图表作为思维展开的工具支架,来改善写对策分析的思维路径。这里介绍两种较为实用简便的图表式思维支架。

1 着眼于"对症下药"的"对应式"表格

对策分析要着眼于问题的解决,也就是要做到"对症下药"。何为"症"?也就是不合理现象、观点形成的原因及产生的危害。何为"药",便是解决症结的办法、途径、策略。"症"和"药"之间什么关系?那就是有什么样的因果关联就提出相对应的应对之举,且因果关联与对策分析一一对应。据此,我们可以围绕讨论的现象或观点,列出"两个纵项+若干横项"的表格工具,以此为思维支架,清晰构建着眼于"对症下药"的对策分析。如下表:

因果分析	对策分析	备 注
归因1:	对策1:	
归因2:	对策2:	"归因"和"对策"一一对应
……	……	

以"我们常常自以为是事件的关注者,可往往充其量不过是一个无知的旁观者"的现象为例。有学生提出"做敢于行动的关注者"这一观点。

首先该文分析现象产生的原因:一是"源自于现代人的心理,面对事件时,首先考虑的是自己如何消费事件,从中获得何种利益,实则是对社会的失责";二是"人们的不作为,其实是'助纣为虐',昧见于终将害己害人、危害社会的实质"。在此基础上该文写道:

为了重新获得思考与关注的能力,避免事件的价值流失,每个人都应当承担起关注社会事件的责任,做敢于行动的关注者。关注,不同于旁观,它不仅要求把你自身的利益考量带入事件,更是要求你去真正地感受体察事件背后的症结与价值,担负起公民身上对国家社会所承载的责任。(对策1,针对原因一)

更为重要的是,我们应做敢于行动的关注者,勇于发声,敢于行动;并努力寻求解决的方案,思考如何使公平正义能在社会层面得到更好伸张,社会规则与道德得到更好完善。黑人妇女罗莎·帕克斯因在公交车上拒绝为白人让座而被捕,这一事件为马丁·路德·金所关注,从而激发其肩负起了为黑人争取平等权利而奋斗一生的使命。(对策2,针对原因二)

这两段文字中作者提出了"每个人都应当承担起关注社会事件的责任,做敢于行动的关注者"的对策,之所以提出这个对策建议,我们可以找到其与上文原因分析的对应关系,原因分析中的现代人"消费事件"心态和"助纣为虐"的昧见,构成了提出要做"敢于行动的关注者"中两个对策建言的根据,也就是做到了"对症下药"。

从中我们可以获得这样的启示:对策分析不是另起炉灶,而是前文归因分析的必然应对;对策是针对前文所提"原因"的对策,是解决前文所提问题的对策。这样就能做到具体问题具体分析,避免文章前后的断裂。

2. 着眼于"多管齐下"的"立体式"结构图

我们以鲁迅先生的《拿来主义》后半部分为例:

所以我们要运用脑髓,放出眼光,自己来拿!

譬如罢,我们之中的一个穷青年,因为祖上的阴功(姑且让我这么说说罢),得了一所大宅子……那么,怎么办呢?我想,首先是不管三七二十一,"拿来"!但是,如果……徘徊不敢走进门,是孱头;勃然大怒……则是昏蛋。不过……大吸剩下的鸦片,那当然更是废物。"拿来主义"者是全不这样的。

他占有,挑选。看见鱼翅……像萝卜白菜一样的吃掉……看见鸦片……只送到药房里去……只有烟枪和烟灯……除了送一点进博物馆之外,其余的是大可以毁掉的了。还有一群姨太太,也大以请她们各自走散为是……

总之,我们要拿来。我们要或使用,或存放,或毁灭。那么,主人是新主人,宅子也就会成为新宅子。然而首先要这人沉着,勇猛,有辨别,不自私。没有拿来的,人不能自成为新人,没有拿来的,文艺不能自成为新文艺。

我们来分析鲁迅先生在对策分析部分的思维过程。首先提出"自己拿来",这是主张,是从观念、认知层面提出总对策。接下来以"一个穷青年"的历史文化虚无主义的荒谬做法设喻,提出"'拿来主义'者是全不这样的"的主张,这是阐述错误的做法。然后作者指出"他占有,挑选",从而论述拿来主义"取其精华,弃其糟粕"的正确做法。

最后一段作者言简意赅地指出了两层意思:一是指出这样做后主人会成为"新主人",宅子会成为"新宅子",实际上是比喻实行"拿来主义"的好处,点明对策实行后所产生的意义效果;二是指出"要这人沉着,勇猛,有辨别,不自私",这实际上是点明实行"拿来主义"者本身应该具备的素质,是在揭示对策若要化为实践所必须具备的前提条件。

从中,我们可以提炼对策分析的一个"立体式"思维结构,即以对策分析为原点,发散出五个基本思考方向:认知层面、行动层面、范例层面、效果层面、条件层面。从多个角度展开思考,多管齐下,能将对策分析写得丰富、全面,增强了说服力,思考也变得更为严谨了。见下图:

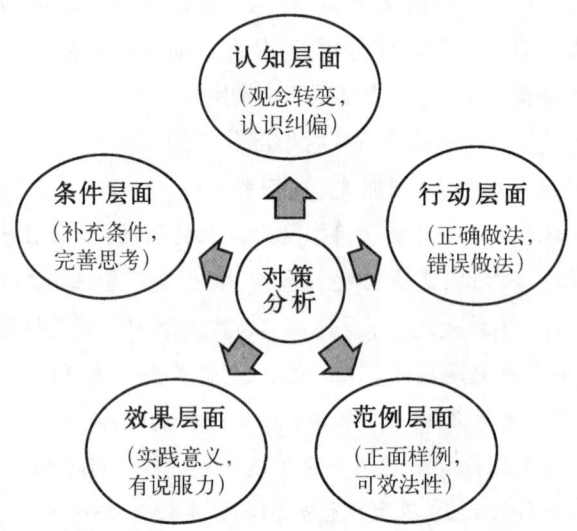

案例分析

❖ **案例1:《谏太宗十思疏》(唐·魏征)**

臣闻求木之长者,必固其根本;欲流之远者,必浚其泉源;思国之安者,必积其德义。源不深而望流之远,根不固而求木之长,德不厚而思国之安,臣虽下愚,知其不可,而况于明哲乎?人君当神器之重,居域中之大,不念居安思危,戒奢以俭,斯亦伐根以求木茂,塞源而欲流长也。(提出观点+比喻说理)

凡百元首,承天景命,善始者实繁,克终者盖寡。岂取之易,守之难乎?盖在殷忧,必竭诚以待下;既得志,则纵情以傲物。竭诚,则吴越为一体;傲物,则骨肉为行路。虽董之以严刑,振之以威怒,终苟免而不怀仁,貌恭而不心服。怨不在大,可畏惟人,载舟覆舟,所宜深慎。奔车朽索,其可忽乎?(联系史实+原因分析+危害分析)

君人者,诚能见可欲,则思知足以自戒;将有作,则思知止以安人;念高危,则思谦冲而自牧;惧满溢,则思江海下百川;乐盘游,则思三驱以为度;忧懈怠,则思慎始而敬终;虑壅蔽,则思虚心以纳下;惧谗邪,则思正身以黜恶;恩所加,则思无因喜以谬赏;罚所及,则思无因怒而滥刑。总此十思,宏此九德。简能而任之,择善而从之,则智者尽其谋,勇者竭其力,仁者播其惠,信者效其忠。文武争驰,君臣无事,可以尽豫游之乐,可以养松乔之寿,鸣琴垂拱,不言而化。何必劳神苦思,代下司职,役聪明之耳目,亏无为之大道哉!(对策分析)

在这篇魏征写给唐太宗李世民的奏章中,本着防微杜渐,居安思危的初心,魏征在第一段援用古人惯用的比喻手法,提出"思国之安者,必积其德义"的观点。然后从道理和史实两个层面进行原因分析。可谓有理有据,深入浅出,这就解决了为什么要"积德义"的问题。

接下来,作者在第三段进一步分析怎么"积德义",即进行对策分析。

作者具体提出了十条建议。为什么是十条?为什么这样安排先后?原来这十条建议是有其内在的逻辑关联的,我们对其进行分类,实际上是每两条为一组,一共五组:第一组(第1、2条)是从生活方面提出要有节制,戒奢侈;第二组(第3、4条)是从待人方面提出要谦虚待人,戒骄躁;第三组(第5、6条)是从处事方面提出要拒绝懈怠,勤于政事;第四组(第7、8条)是从用人方面提出偏信则暗,兼听则明;第五组(第9、10条)是从执法方面提出赏罚分明,用法有度。这十条五组建议条理清晰,由浅入深,具体全面,涉及对策中的认识和行动层面。

行文至此,可以搁笔,但颇有说教、训示的味道,有失"君臣之礼",也显得不够艺术。于是作者进一步分析做到这十条,一方面可以让各类臣子、人才充分发挥自己的特长作用,达到文武并用的效果;另一方面可以让帝王自身垂拱而治,不言而化,达到无为而治的最高境界,这也是以道家李耳后人自居的李唐统治者的追求,可谓说到了唐太宗的心坎里。仔细想想,这部分文字是从施行"十思(十条建议)"所能达到的作用效果层面展开分析的。

总结第三段,作者分别从认知和行动层面提出了具体对策,又从作用效果层面进一步解说了为什么要施行这样的对策。也就是即告诉唐太宗该怎么居安思危,"积其德义",又展示了实施这份计划的效果图。让对策具体化,效果可视化,真是思虑周全,不得不信!

我们可以通过思维导图来揭示这段对策分析的思维过程。

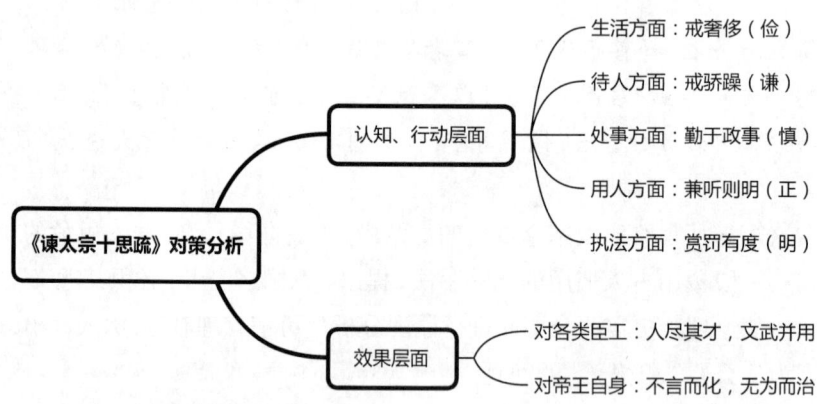

❖ **案例2:学生习作《群中独处》(沈文萱)**

无可否认,现下各式各样的即时聊天软件中"群"的产生,在倍增人们表达自我想法的便利之时,却在不自觉中产生了自我身份的"反转"。很多时候我们放弃了自我所耽习的角色本身,接受了"群"的意志所赋予的新角色,导致与本真的自我渐行渐远。

群体间消息更新马不停蹄,八卦嚼舌推陈出新。在这锅热闹沸腾的汤中,我们常常为凡人琐事所羁绊,在热闹嘈杂与身份切换的庸碌间遗忘了自我独处的能力。

从根本而言,是"群"式交往的爆发性、强制性力量挤压了个体自我的生存空间，个体广阔的外在自由距离被逼仄进狭小固定的"群"里，"群"内空间的有限性与个体自由的无限性形成尖锐矛盾，使人们不得不让渡独立个体本应有的权利，而以一种有苦难言的异化状态"孤独"地置身于群体的声浪与喧嚣之中，自怨自艾，顾影自怜。进而在内心世界中萌生出脱身群体，"离群索居"的诉求。

固然，世上几无人能够忍受绝对孤独；自古至今离群而居也鲜有人能做到。事实上，沉静的独处和沸腾的交往均为精神必需。不过群聊面对的是小众圈子，是生活的过程与片断；而独处则更为本质，类似于与存在本身交谈，面对自己心中的整个世界，更为难能可贵。

其实，如周国平所说，独处也是一种能力；<u>我们不能自我放逐于外部世界与错综复杂的人际关系中，从而放弃对内在世界的整合；以犬儒派创始人安提斯泰尼之语以释之，即为"与自己谈话的能力"。</u>卢梭曾尖锐地指出："我独处时从来不感到厌烦，闲聊才是我一辈子忍受不了的东西。"古之大事所成，如释迦牟尼与穆罕默德创立宗教时思想的闪光一般，多少改变世界的灵感便是在独处的沉默中孕育！

那么我将如何在群中安处？

基于"群"对个人产生的影响，群中个体固然要提升<u>"与自己谈话的能力"</u>。与此同时，<u>爱好独处者亦可善交；善交者亦可遗世独思</u>。他们总具有一个共同点：保有自己的思考和内在世界。托尔斯泰曾感慨："你要使自己的理性适合整体，适合一切的源，而不是适合部分，不是适合人群。"<u>如何从群聊的侵略中突围</u>，找到自己独处的一隅，也许瓦尔登湖湖畔的梭罗木屋能给我们以启示。它告诉我们应该保持与群的适度距离，它昭示我们在自我的空间内进行"<u>独修</u>"；冷眼看群中是是非非，恩恩怨怨，纵使世间之群天罗地网，我自"躲进小楼成一统"！

与自己的内心对话，成为"举世皆浊我独清"的合理自我，与群里的人们对话，告诉他们"面朝大海，春暖花开"的幸福！

文章第五、六两段是对策分析部分。第五段指出我们"不能放弃对内在世界的整合"，并通过引用卢梭之语，列举释迦牟尼和穆罕默德的事例加以说明。这是从行动层面指出错误做法。第七段中，先总结上段，正面提出提升

"与自己对话的能力"的做法;然后指出"爱好独处者亦可善交;善交者亦可遗世独思"的看法,这是从认识层进一步提出对策;接下来分析"如何从群聊的侵略中突围",作者以梭罗隐居瓦尔登湖中的木屋为例,阐释"与群保持适度距离,在自我空间独修"的具体建议,这是从范例层面提出可效法的做法。

这篇文章的对策分析比较典型体现了"多管齐下"的分析策略,作者先批判错误做法,然后提出正确做法,最后辅以正面范例,分别从"不能做什么""能做什么""像谁那样做"三个角度展开对策分析,思考比较全面,增强了对策分析的可信度。

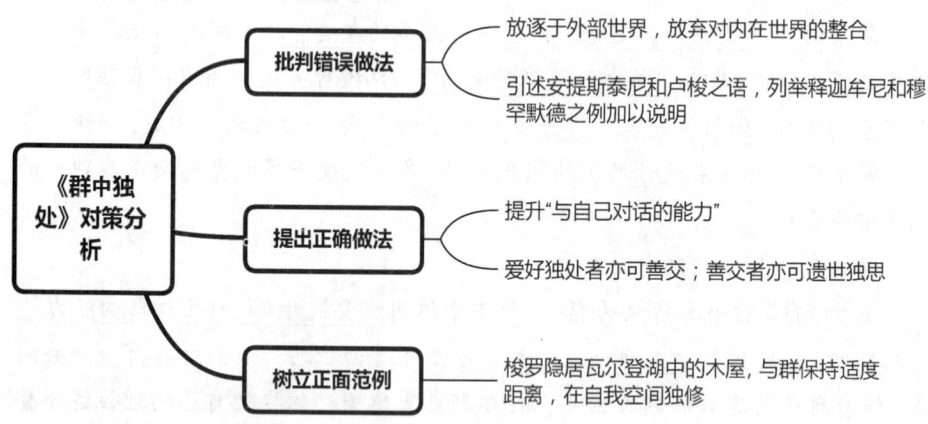

❖ 案例3:学生习作《驯服焦虑》片段

显然,如何驯服焦虑就成了迫在眉睫的问题。

我们都是在独处中,生发了对事物的感知,因而<u>不要惧怕独处</u>,正如对朱自清先生而言,他虽感到"热闹是他们的,我什么也没有",却也体会到了"什么都可以想,什么都可以不想"的精神自由。适当享受一下独处,内心便会祛俗解蔽,焦虑自然消散无迹。

而"不惧独处"不足以抵抗这"物质与繁华齐飞,颓废共佛系乱起"的当代社会,在独处的基础上,<u>学会化繁为简,化整为零</u>。因为大多数情况下,使我们焦虑的是那些事物堆砌的"繁琐",而非事物本身。去繁就简之后,世界会豁然开朗。

我向之所言,都有一个基本的前提:学会调控。调控自我,才能够对外界有所把握。如艾略特言:我们依自身向外,而一切的终点,都将回归自我内心的原野。在内心的原野上建树,方可调控有度,驯服焦虑。

《山月记》中言:世上每个人都是驯兽师,而那匹猛兽,就是个人的性情。唯有驯服焦虑,才能于虚浮的物质中稳住精神的宁静,从那焦土中瞧见一抹欣喜的绿意。

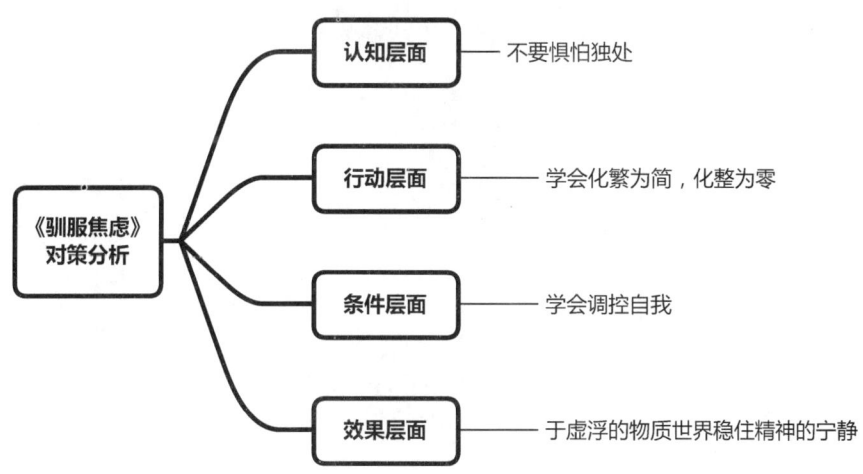

第二部分

时代写作

第一章　自我体认

第一节　请你相信自己的翅膀

　　拿着两包火柴，顺着大道他往西直门走，没走出多远，他就觉出软弱疲乏来了。可是他咬上了牙。他不能坐车，从哪方面看也不能坐车：一个乡下人拿十里八里还能当作道儿吗，况且自己是拉车的。这且不提，以自己的身量力气而被这小小的一点病拿住，笑话；除非一跤栽倒，再也爬不起来，他满地滚也得滚进城去，决不服软！今天要是走不进城去，他想，祥子便算完了；他只相信自己的身体，不管有什么病！

　　　　　　　　　　　　　　　　　　——老舍《骆驼祥子》

　　我之所以坚定地相信未来/是我相信未来人们的眼睛/她有拨开历史风尘的睫毛/她有看透岁月篇章的瞳孔/不管人们对于我们腐烂的皮肉/那些迷途的惆怅，失败的苦痛/是寄予感动的热泪，深切的同情/还是给以轻蔑的微笑，辛辣的嘲讽/我坚信人们对于我们的脊骨/那无数次地探索、迷途、失败和成功/一定会给予热情、客观、公正的评定/是的，我焦急地等待着他们的评定/朋友，坚定地相信未来吧/相信不屈不挠的努力/相信战胜死亡的年轻/相信未来，热爱生命。

　　　　　　　　　　　　　　　　　　——食指《相信未来》

主题导引

2006年，台湾女歌手张韶涵的一首名为《隐形的翅膀》的歌曲开始在大街小巷广为传唱，时至今日，人们依然记得其中的一句歌词"我知道，一直有双隐形的翅膀，带我飞，飞过绝望"。这首歌给自信、坚持、忍耐等人生中的千年母题赋予了新的内涵，并由"隐形的翅膀"给予这些母题以崭新的形象包装。凭借"隐形的翅膀"去"飞过绝望"，多少带有几许直面人生不堪处境和悲苦遭际的味道。是的，当世界和风顺水，无须振翅便可翱翔；当外部世界令人"绝望"，只能依靠自己隐形的"翅膀"。倘若自我存在的外界环境，不能给自己提供适合的平台、充足的资源，甚至平添障碍，构成自我发展的异己力量，那高扬生命意志，扬起隐形的翅膀，既是一种无奈之举，也是一种生命原本应有的姿态。

所谓"相信自己的翅膀"，至少有两层含义：一是"相信自己"，即是"自信"而非"他信"，不是相信自己之外的对象，如相信依赖别人、集体，乃至更广泛的外部资源。二是"相信自己的翅膀"，也就是自己是有力量、有办法、有潜能的，能够发挥主观能动性，以改变现状，克服障碍，达成目标。

把这个主题拉到当今这个时代，我们可以从多个维度深入思考。

当下中国社会，全民凝心聚力，国家走向复兴，在一个盛世昌平的国度，国人正可"海阔凭鱼跃，山高任鸟飞"。如果放眼环球世界，当下病毒肆虐，各国经济陷入泥淖，来自西方的霸权主义、强权政治、贸易壁垒、冷战思维等，对我国和平发展构成极大威胁。当良好的外部环境遭到破坏乃至缺如之时，我们更应该相信自我，坚持制度自信、道路自信和文化自信。

从个人生活与科技文化发展的关系看，当下科学技术日新月异，人工智能、5G技术等正在引发着一场改变我们生活世界的颠覆性变革。我们可以相信"自己的翅膀"，它能够御风而行，趁势而为；我们也可以相信时代的力量，它将会给我们带来更多机遇，让我们分享科技进步的福祉。当然，我们也可以深入思考，甚至居安思危，人们可以看到时代弊病的端倪，如科技其实是把双刃剑，技术主义引发异化人性的威胁；如媒体资讯发达，网络社交方式便捷，却将人与真实世界分离而陷入虚拟世界,由此所引发诸多问题;还有如价值混乱、信仰危机、媚俗成风、物欲横流等长期存在的社会症候等等。当我们原本可以依赖的"外部世界"发生崩塌的时候,我们该怎样凭借如祥子身上所具有的那种毅力以及如食指内心所坚持的信仰,来应对自身和人类的"生存危机"?

可见,"相信自己的翅膀",这个主题可以常写常新。

一只站在树上的鸟,从来不会害怕树枝断裂,因为它相信的不是树枝,而是自己的翅膀。

这句话可以启发人们认识自身与外部世界的关系。请写一篇文章,谈谈你对此的思考和感悟。要求:自拟题目,不少于800字。

从题型看,这是一则运用比喻手法来形象描述生活现象的作文题。因此审题的关键之处在于理解比喻所形象描述的现实所指。

1. 还原比喻中的本体

材料中树和树枝构成了鸟生存的外部环境,树枝断裂是指鸟所生活的外部世界产生巨变,它给鸟的生存带来了巨大挑战和困难;而鸟不惧树枝断裂相信自己的翅膀,是指鸟有飞翔的能力,因而可以克服外界生存环境的突变。显然,这个"故事"形象地启发我们思考,当外部环境发生巨变时,我们应该做好怎样的准备,具备怎样的能力。

依据以上理解,便可以具体还原材料中几个喻体的本体:

喻体	树枝	鸟	树枝断裂	自己的翅膀
本体	外部世界中的条件、环境	人自身	外部世界的巨变:局势的恶化、思想的巨变、风气的恶化、时代的变迁等	自身的能力素养:知识结构、认知水平、道德素养、理想信念、发展潜能等

2. 理解核心概念的关系

材料可概括为"鸟儿相信自己的翅膀所以不害怕树枝断裂",引申到人类社会,即"人们因为相信自身的力量所以不惧外界变化"。题干则进一步指向聚焦"自身与外部世界的关系"这一核心话题。

题干对材料可引发的思考做出了范围圈定,如果离开题干的"圈定"而只谈材料,就有偏题的危险。例如写"有实力才有自信的资本""要自信先自强""只有相信自己才能立于不败之地"等等围绕"自信(相信自己)"这个核心话题来展开。如果只看材料,这些思考都基本符合材料的应有之意,但又偏离了题干要求聚焦的"自身与外界的关系"这个核心话题。可见题干让立意的空间变窄了,变集中了。

那么,自身与外界到底存在哪些关系?我们可以依据"主""客"二元相互作用的思辨性角度,具体细化这组关系的多重内涵。首先,外界环境是人们生存发展的依托和凭借,每个人所处的物质和文化环境,例如时代环境、地域环境、家庭环境、教育环境都对人的存在和发展构成条件和限制。但是,人的存在和发展并非全然被动,人具有主体能动性,可以调动自身意志力量,来创造条件,改变环境,产生对外界环境的反作用。这就是人或群体"自身"与外界环境之间关系的辩证法。见下图:

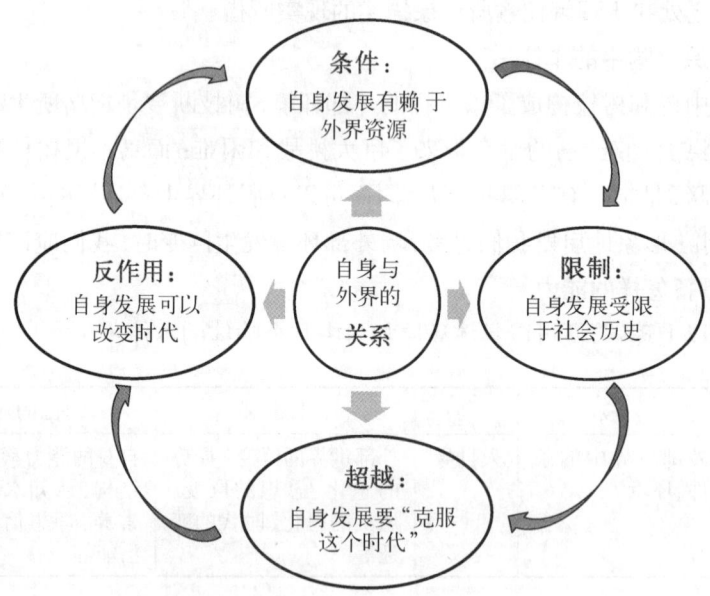

就题型来看,这则作文题和2019年上海秋季高考作文题高度相似:

倾听了不同国家的音乐,接触了不同风格的异域音调,我由此对音乐的"中国味"有了更深刻的感受,从而更有意识地去寻找"中国味"。这段话可以启发人们如何去认识事物。请写一篇文章,谈谈你对上述材料的思考和感悟。

如果只读材料,我们可以写"如何寻找中国味",而题干则要求上升到"如何认识事物"的思维高度。由此可见,题干的"圈定"不仅在聚焦写作话题上,也是在提示学生进行"由现象到本质""由具象到抽象""由演绎到归纳"的思维活动。

如何处理材料与题干的关系?一言以蔽之,以题干为"依",以材料为"据"。也就是全文写作内容应该围绕题干所聚焦的话题来进行思考,而材料是将题干中的话题进行展开的一个根据、一个案例,即从材料中得出启示来阐释题干中的话题。

你可以从肯定的立场来诠释题干话题,也可以围绕话题,与材料对话,对材料所涉及的内容进行思辨,或证明之,或补充之,或重构之。

立意举隅

首先,可以依据材料从"证明之"即证明它有道理的角度来谈"自身与外界关系"的话题。也就是证明材料所蕴含观点的合理性。

从材料描述的内容看,"树枝"是小鸟站立的外部世界,但也有"断裂"的可能,可见人们生存发展所依凭的外部世界表现出不稳定性。世界瞬息万变,无论政治经济,还是文化思想,其发展变化甚至曲折倒退等都是外部世界之常态。而人类如何自处于世界,如何在"变"的世界中做到处变不惊,甚至以不变应万变,或者顺势而变,就需要具备一定的能力素养,包括一定的知识技能水平、认知世界的思维与能力,以及内心的道德操守、行为准则、理想信念等。我们可以确立这样的观点:

A. 人们要相信自己的"翅膀",方能应对外部世界的变化。

B. 我们不能依赖外部环境,而要让自己羽翼丰满。

其次,可以从和材料对话的角度,思辨"自身与外界关系"的话题。

人(事业、群体等)的生存与发展必然依靠自身力量(认知、能力、道德、信念等)的提升,也离不开外部世界的平台、资源和支撑,人的发展是自我力量和外部力量共同作用的结果。还可以进一步思辨,外部世界中"树枝断裂",隐喻着稳定的外部力量的缺失、恶化,它给人的自我发展造成了不利因素、阻碍作用;其实也是一次激发人的主体力量以实现自我发展,甚至逆势而上超越自我的机遇。再进一步思考,人自身的发展是否完全受制于外部世界?其实,人们如果相信自身的力量,也可以凭借一己之力、群体之力去改变可能"断枝"的外部世界,让世界重回支撑人类美好生活和良性发展的轨道。因此,我们还可以写这些立意:

A. 自身的生存与发展是自我主体力量和外界客体力量共同作用的结果。
B. 自身发展以"我"为主,以"外"为辅助,"我命由我不由天"!
C. 外界支撑的恶化、缺失,对自身存在和发展而言是挑战,也是机遇。
D. 藏器于身,让自我强大,方可在外部世界风云变化中处变不惊。
E. 洞察外界风雨,在顺风中顺势而为,在逆风中迎难而上,方是智者所为。

范文引路

	思维角度	思考内容
藏器于身俟时动 郁施林		
一只站在树上的鸟不因这不稳定的随时断裂的树枝而担惊受怕,<u>正是他对于自我飞行能力的信任,也是他抓住树枝机会借力腾飞的绝佳时刻</u>。而在现实生活中,面对自我的复杂性和社会的突变性,如何处理自身与外部世界的平衡关系也亟须解决。	提出论题	简要分析材料并联系生活,提出本文探讨的问题。
我们都是一只站在树上的鸟,但所处高度、翅膀丰满程度都有着区别。我们站在那或细或粗的树枝上,有的拍打着健壮的翅膀正打算开始飞行,剩下的只会蜷缩起那羸弱纤细的羽翼无动于衷地待在原地,直到树枝断裂,仍木讷地不主动飞翔。	还原本体	还原比喻,对人之"翅膀"做分类分析。

树枝是辅助我们生活的外物,而翅膀则是我们的能力、潜力甚至是精神世界。我们可以借助"树枝"来使我们的视野更加开阔,让我们的出发点比别人更前,但若一味依赖"树枝",那就沦落成被"树枝"套牢在枝上的金丝雀,失去了自由,削弱了自我的能力,也使原本有限的精神世界更贫瘠,他们心中的那盏灯便随风熄灭了。而成为养在笼中的金丝雀无疑是对自我精神思考的抹灭,为了所谓的安稳现世,执着地选择依赖摇摇欲坠的外部条件,殊不知一旦失去了自主思考和实现目标的策动力,那么便是将自我流放到社会的孤岛之上。| 价值分析 危害分析	对"树枝"即外部世界对人自身的作用从正反两面分析,着重分析危害。
如何处理自身与外部世界的平衡关系便成了紧迫的命题。在外部条件影响力不断增大,成功引诱人们抛弃自我选择伪造的所谓安稳,被抛弃的能力和精神世界正被贴上紧急救援的感叹信号。此时,应振臂高呼:归还自我主体性!	提出观点	提出自身与外部平衡的话题,并表达明确的立场对策。
如此一来,才能让主体回归思考,重新耕耘起自我的能力田园,逃离那座荒芜的精神孤岛;在思考中,才能更加精进自我,成为自我的掌控者,将命运和前景牢牢掌握在手中,即使飞行途中遇到突发暴雨狂风,我们也可依赖自身能力和开阔的视野,灵活变通,才会有飞翔间所见的云霄万里高,才能享那千里快哉之风。| 价值分析	具体分析上段所提对策观点的价值。语言表达有感染力。
但我们也不可将外物的辅助抛之脑后,外物的辅助的确对于我们自我的精进提供帮助,但也仅限于辅助。若毫无目的地绝对依赖则定不可取,还会与目标背道而驰。我们应有"藏器于身,俟时而动"的心志,做个真正独立自主、精神丰沛、能力坚实的有才之人。| 辩证分析	辩证分析外物的有限作用,进一步突出自身主体的作用。

"寄言燕雀莫相啅,自有云霄万里高"。一身坚笃气,千里快哉风。坚守自我的精神世界,磨炼自身能力,精益求精,拥有藏器于身俟时动的心志,借助外部树枝的高见,自有云霄万里高,也定可享受千里的快哉风。 | 总结论述 | 总结归纳全文观点,呼应标题。

点评: 文章起首对材料进行合理阐发后迅速聚焦话题,接着对"鸟"和"树枝"的比喻意义给予合理充分的分析还原,其中对外部世界对人自身的作用分析得很辩证。在此基础上,作者"归还自我主体性"的态度立场呼之欲出,自然合理。在对策分析部分,层层推进地剖析"回归自我主体性"的价值意义,并辩证分析自身与外物的"主辅"关系,在此基础上自然点题,得出全文观点。全文语言兼具理性思辨色彩和文学化表达的感染力,达到情理俱佳的效果。如能加强与社会现象的关联,强化现实针对性则更好。

切勿忽视精神上的独立意识
吴文轩

	思维角度	思考内容
一只站在树上的鸟,从来不会害怕树枝断裂,因为它相信的不是树枝,而是自己的翅膀。	转述材料	
事实上,每个人都是一只"站在树上的鸟",脚下的树枝就是我们所依托的外部环境,我们不可避免地依赖外部世界获得滋养以供生存或建构自己的认知体系,也即我们在物质层面与精神层面都对外部世界存在不可割断的依赖性。但是这样的依赖又是有其不稳定因素的,"树枝"随时有可能断裂,这就要求个体不能全盘依赖既定的外部环境,应当具有暂时摆脱对外部环境依赖的独立性,或超越时代认知的宽阔眼界。	还原比喻 提出观点	准确还原材料中的喻体,指出外部环境具有不稳定性。 提出摆脱"依赖",追求"独立"的观点。
人们往往在物质层面上看中自己的"翅膀",锻炼自己适应、改变外部世界的主观能动性,注重		

练就过硬的本领在外部世界的功利竞争中保持可以独立的姿态，避免失去竞争力。但不幸的是，很多人忽视精神上的独立意识，过分依赖外部环境的"精神信条"，失去了自我的独立人格和独立思考。二战时期的艾希曼就被纳粹党塑造的主流意识形态裹挟而丢失了独立人格，疯狂践行种族灭绝政策，他相信的不是个人的独立思考和良知，而是外部环境冰冷的命令。汉娜认为这是一种"平庸的恶"，我认为其本质在于艾希曼忽视了精神上的独立意识，成为外部环境的附庸。由此可见，精神上对外部世界过分依赖，会吞噬个体的独立人格，将其变为一个只会顺从循规的"机器"，主体性遭到泯灭。	危害分析	辩证揭示重"物质独立"而轻"精神独立"的实质及其产生的对自身人格的危害。有理有据，比较深刻。
反观孙中山先生，他没有像康有为那样过度依赖历代王朝社会主流的意识形态，坚守腐朽的专制制度，而是毅然走向革命，建立民主共和制度，这正是他精神拥有独立的思想以及超越时代的认知局限的体现。他不会害怕封建制度的"树枝"断裂，因为他相信自己的独立思想和革新精神。历史上诸多划时代的杰出成就，虽都无法逃脱外部世界的影响，但绝不是出自于对外部世界精神信条的全盘依赖，而是出自于个体展开"独立意识"之翅的翱翔。	价值分析	以孙中山为例，以点带面，论述不脱离时代环境而高扬独立意识方能有所成就。
因此，我们必须具备精神上的独立意识，始终保持自己的独立思想，切勿过分依赖于外部世界。如今是自媒体时代，网络上有体现积极正能量的文字，也不乏"毒鸡汤"，以及偏激的观点论调、恶俗的低级趣味。所以如何认识自身与外部世界的关系，尤为重要，我们应当相信自己精神独立的翅膀，切勿盲目追求潮流、大众化，任由外部世界的所谓精神信条裹挟控制。	对策分析	针对自媒体时代的社会具象，提出不盲随大流的对策，体现现实针对性。

做一只相信自己精神独立意识的鸟,切勿将全部的精神世界都寄托于脚下的树枝。　　重申立场

点评: 文章提出"暂时摆脱对外部环境依赖,高扬主体性以超越时代认知"的观点,体现立意之深刻。主体部分先破后立。批判了精神独立缺失而依赖外部的实质和后果,有一定力度;在此基础上正面论述不脱离外界而展开"独立意识"之翅以翱翔的正面价值。结尾部分进一步关联现实,提出对策。全文思路明晰,自然递进,事实论据和事理论据运用合理,论证充实到位。

第二节　占有诗书与丰富心灵

那些真正读书风气好的国家,比如北欧那些国家,人们下班之后的时间完全属于自己,有足够多的节假日,闲暇时间多了,整个社会的读书氛围自然会好。……我们不要制造这样或那样的焦虑,读书这件事急不得,跟整个社会都有关。社会要培养理想的读书风气,就要多讲点精雕细琢,少讲点大干快上;多讲点精神生活,少讲点GDP(国内生产总值);多讲点人均阅读水平的提高,少讲点升学率。

——葛剑雄

我家是非常普通的家庭,只是父亲喜欢书,允许我在附近书店赊账买自己中意的书。当然漫画、周刊之类不行,只限于正经书。但不管怎样,能买自己中意的书实在让人高兴。我也因此得以成为一个像那么回事的读书少年。可现在的话——"你说的什么?那玩意儿没看过,知道"——如此情形畅通无阻。一来要干的事实在很多很多,二来足以表现自己的场所、方法(如媒体)等等都一应俱全。最终"惟有读书好"在这神话般的媒体的时代,迅速寿终正寝。如今,书不过是各种并列的媒体中的一员罢了。

——村上春树

主题导引

读书，阅读，是每个时代都不能回避的话题，因为无论从个人还是国家民族来说，读书的意义和价值早已无须赘述。古今中外留下过许多诸如"书籍是人类进步的阶梯""书犹药也，善读之可以医愚"之类的经典之论，人们对读书（阅读）的重要性即价值的认识早已达成共识。因此，今天我们再谈阅读这个人类永恒的话题时，理应谈出它的时代性和当下性。

从我国历史来看，许多读书人专心于读儒家经典以应科举功名之需，也导致"四体不勤五谷不分"，将读书与生活实践相剥离；而广大劳动人民却挣扎在温饱线上无心读书、无力读书。到了当代，先后出现过"无书可读"时期（如改革开放前阅读不自由的年代）、"读书无用论"盛行时期（改革开放后"一切向钱看"的八九十年代）、"阅读极度功利化"时期（新世纪以来各种教辅书、"成功学"、职场类书籍畅销），到了当下社会，人们幡然醒悟到"除了眼前的苟且，还有诗和远方"，阅读对于人类心灵的意义被重新认识。

从当下语境看，人们对读书价值的认识已经跨过了相对狭隘的功利化认知层面，而把它看成一种精神生命、文化生命的内在需要。也就是认识到人除了奔波于职场，忙碌于物质化生活之外，还应找到心灵的栖身之所，追求有诗意的生活。不得不说，这是时代的进步，它与社会经济文化发展密不可分。

但是，当人们的物质生活水平达到一定高度，人们想买书、买得起书并且买得到自己想要的书的时候，却发现自己没时间看书，以至于出现我们每人、每家都收藏了不少书，但书却被束之高阁，"落落大满，素蟫灰丝时蒙卷轴"。没时间读书——我们很多人都这么认为。事实果真如此吗？

也许是这样！时代的车轮飞速运转，我们都是这趟快速飞奔的时代列车上的乘客，被带着跑得太快、跑得太远；我们的心不静了，神不安了，"入世"太深，常常无心读书。客观来看，在媒体资讯多样丰富的时代，阅读纸质书籍，已经不再成为人们获取知识信息乃至修炼精神气质的唯一途径。

纵然如此，将精美的书籍只用来装点书架，也是不能物尽其用，甚至暴殄天物。人们想买书，又有丰富的书籍可买，是这个时代的幸运！而没有时间读书，甚至没有心境阅读，则是这个时代的悲哀！

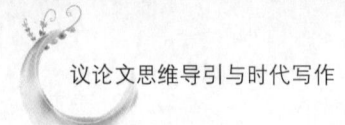

一本好书,我们往往先把它买下来,然后抛诸脑后;一首好诗,我们总是先把它收藏起来,然后再难想到细细地咀嚼它、品味它。我们似乎占有了很多东西,但是它们却从未真正丰富过我们的心灵。

你对这段话有怎样的认识?请写一篇文章,谈谈你的思考。

一、话题聚焦

这是一则现象类材料作文题,分为常规的材料和题干两个部分。题干部分要求谈"认识",比较宽泛,无须赘言。材料包括两个部分:一是现象描述,二是现象分析。从现象描述部分看,人们常卖好书却不看书,常收藏好诗却不读诗。从现象分析部分看,材料指出人们占有很多好书、好诗等文学、文化资源,却未能丰富自己的心灵。

从以上分析中我们可以概括出这样的写作话题:人们喜欢占有优质文化资源,却未让其丰富心灵。其中的关键词是"占有文化资源"和"丰富心灵"。这是写作时必须围绕的写作对象,即分析"占有文化资源"和"丰富心灵"之间的内在关联,如分析现实中两者割裂的原因、影响(主要是危害),以及弥合割裂达到统一的对策、建言等。

如果脱离这两者的联系而孤立地写任何一方都是不切题的,如:

A. 写"书非借不能读也",即论述买书和借书的话题;

B. 写"如何阅读"的话题,分析读书的方法技巧;

C. 写"如何丰富心灵",培养兴趣爱好等;

D. 批判当下人的物欲、私欲泛滥成灾;

……

二、文题分析

(一)审读现象描述部分

两句话中描述的现象一说买书一说藏诗,但可以看出两者之间具有"同质"关系。

一是对象的同质性：无论是好书还是好诗，都属于优质的精神文化产品、资源。

二是行为的类似性：无论是"买下来"还是"藏起来"，都是一种占为己有的行为；无论是"抛诸脑后"还是"再难咀嚼品味"，都表明没有阅读，只占有而不使用。

三是现象的普遍性：材料前说"往往"，后写"总是"，表明这种现象在当今社会生活中十分普遍；同时，这两个词显然隐含了出题人不认同、不赞成的情感态度，这是我们立意时要摸准的潜在立场。

从普世认知角度看，我们应该顺应出题人的立场，表达对这类现象或做法的不认同；当然也可以辩证看，而认同的立场相对难以找到有说服力的理据。

依据以上分析，我们便能够生发出以下几个问题：

1. 人们为何总是喜欢获得占有诗歌、书籍等精神文化产品？这可以从两个维度来分析：

首先是这些精神文化产品本身所具有的价值。它们虽然不具有物质层面的功用，但它们提供科学的知识、丰富的情感、精深的思想，这是一般意义上的文化产品所不具备的，也是其他非文化产品所无法包含的。

其次是人自身的需要。人的行为动机指向自身需要，材料现象表明人们急需改善和提升精神文化生活。如果联系当下人们物质生活水平不断提高的现状，可以看出材料反映了人们亟待提升精神文化修养的时代性需求；当然也从侧面反映了人们精神、情感世界的荒漠化。

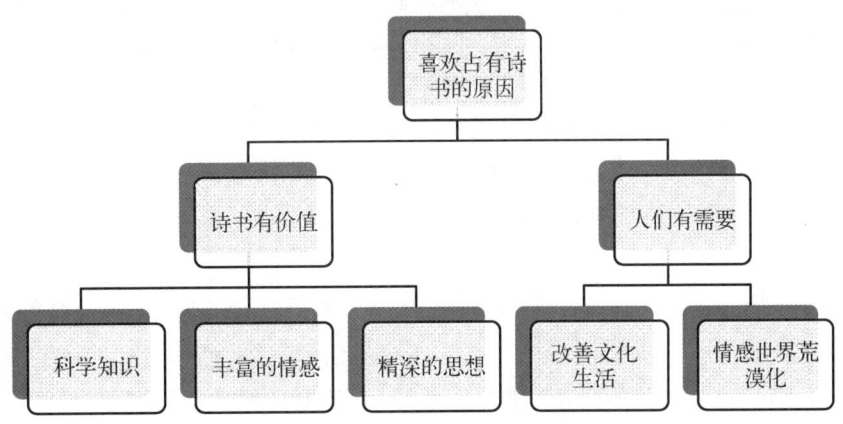

2. 人们为何在"占有"后却"抛诸脑后""再难咀嚼"？我们也可以从两个维度来思考：

从"主动"角度来看，可能有无力"消费"这类高雅之物的能力之缺，也可能有"装点门面"、附庸风雅之嫌，因而占有而不看不读；还可能是源于人本性之中"习惯占有"的本能，也就是不管什么东西，只要是"好"的，"拿来"再说，至于是否派上用场全不管它；如果从更深层来看，是否为实用主义至上的价值观使然？

从"被动"角度看，或许有人们忙于生活、学习、工作中的各种事务，难有时间和精力来阅读的原因，因此只能埋头于"现实的苟且"，而无法、无力追求"诗和远方"，心虽向往之而不能至。

从"主动"视角而言，这是人的悲哀；从"被动"视角来看，则是时代的悲哀！

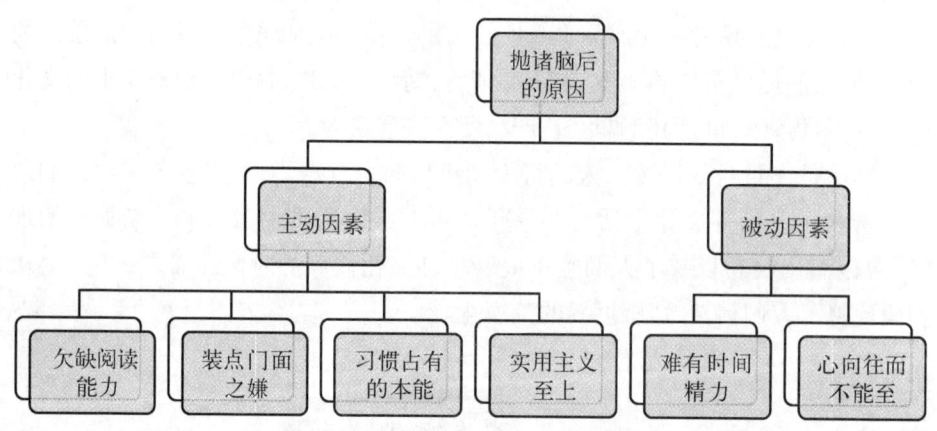

（二）审读现象分析部分

"我们似乎占有了很多东西，但是它们却从未真正丰富过我们的心灵"。这句话提炼了材料所述现象背后的本质，揭示了"占有诗书"和"丰富心灵"之间的分裂、不统一的情形。

从前半句话看，"占有了很多东西"揭示了当下社会发达、生活充裕的背景下，人们"获得感"的飞速提升，人们对美好生活的向往，通过更多"占有"的方式得以满足，这是时代的进步。但"似乎"一词则对这样的"占有"表示质疑，并饱含忧虑。可能这样的"占有"并非真正的"拥有",不能"为我所用",不能真正服务和满足人的生活需要、生命需要,更不能达到"享有"的层次;落实到精神文化产品上,就是这些产品没有服务于人的精神境界、文化修养的提高。其中缘由,上面已做出分析。从后半句看,"从未真正丰富过我们的心灵"所揭示的是,所谓的"东西"抑或材料中所指的优质精神文化产品,没有对人的心灵产生影响,发挥它应有的价值。

据此,我们可以深入思考:这些"东西"、这些"优质文化产品"若不能丰富人的心灵,它的存在还有何意义?人们占有这些东西的初衷何在?什么是真正的"占有"?这种"占有"和"作用"之间的割裂分离将对人和社会产生怎样的影响?如何弥合这种"割裂"以发挥书籍诗文对人心灵的作用?等等。想想这些问题就会将我们的思考引向深入。

立意举隅

我们常说,材料作文题给写作者提供了较为开放的讨论空间,可以"证明之","证伪之",也可以"思辨之"。但是这道作文题对话的空间是比较小的,因为材料表述中明显流露出命题者对这一现象的不满和忧虑,现象本身"负面"成色较足;但如若深入思考现象背后的社会成因,或许也可以写出新巧且有深度的立意。

(一)从"证明之"的角度立意

首先,从材料中的"我们"的视角立意。例如,我们占有诗书,应以丰富自己的心灵为目标;我们与其从"物质"层面占有文化资源,不如从"精神"层面消化之。又如,批判以诗书附庸风雅,装点门面的虚假读书人,主张做一个沉静于阅读,以求心灵丰盈的真正的阅读者。

其次,从诗书类文化资源的价值的角度立意。例如,诗书价值的体现在于读书人的咀嚼品味,只占有而不阅读,便是辱没了它的价值。

(二)从"证伪之"的角度立意

我们还是可以尝试从质疑的视角来深入思考。人们买书、藏诗,表明许多人应该有着一颗爱惜诗书之心,有着对高尚精神文化生活的向往;而难以想到去品读它，也许有着迫于现实裹挟的无奈。当今快节奏、高强度的社会竞争，胁迫着人们难以得到修养心灵的时空；正所谓，有钱买书的时候却没有时间读书，也没有心境读书。

因此，与其批评人们不读书，不如反思当今社会。

一是反思社会节奏太快，以致让人丢了灵魂；

二是反思社会物欲横行，导致人们精神萎缩；

三是反思社会物质化标准泛滥，以致让人们习惯于用获取（占有）物质财富的方式来获取精神财富。

范文引路

占有抑或拥有
（一考生）

正文	思维角度	思考内容
"窈窕思服，辗转反侧"，自古，人类便对美好事物有追求的本能，这种普世的追求导向了人生价值的实现和心灵世界的圆融，鞭策着代代不息的我们，凭借这份深切的渴求，不遗余力地奋斗并求索着。	原因分析	从人的本能的角度分析追求美好事物的原因。
在物质世界逐渐丰盈的当下，我们对事物的获取来得更为容易，小至一本精美的诗集，大至一处安全感十足的居所，我们有信心终会获取它们，只在于时间的长短。我们已具备了充分的财力、物力和心力去"占有"许多东西。之所以称为"占有"，	原因分析	从当下时代角度分析"容易占有"的原因。
我想将这种得到定义为对外物的简单直接而不经个体加工处理的获取和获知，而如果我们的认知仅停留在这个层面上，	概念界定	对"占有"一词进行概念界定。
那便只能收获转瞬即逝如花火般绚烂的满足感和喜悦，以及内心世界无尽的空泛和苍白。古人借书苦读之境多艰难，仍不免高阁束之，任蠹虫啃食；今人买下新书，转眼抛诸脑后，收藏好诗却不愿细细品味咀嚼，占有很多，拥有很少。	危害分析	分析只"占有"所产生的危害，古今皆然。

120

拥有是什么？与占有相对，它代表着对外物吸收贯通后取得真正丰盈心灵的存在。苏轼反复誊抄至五鼓，老吏苦之；孔子读《易》至韦编三绝，乃知微言精义；王阳明获知"格物致知"的理论之后，于实际"格"竹子格了三天三夜不废止，虽对理学的造诣并无裨益，却开拓了他探寻心学的浩渺通途。这些伟人获取的事物不尽相同，且方向各异，却因思想的深度在黑暗中汇聚。他们启迪我们的内核在于，如何化已知与占有为深知与拥有。	概念界定	对"拥有"一词进行概念界定。通过举例分析明晰该词的丰富内涵。
须化占有为拥有，还得从源头上下些功夫。想一想除去本能的对真善美的向往与追求，你获取外物的主要驱动力何在？在实用主义盛行的当下，我们总是有某种错误的惯性思维：既已得到，便总有其实用价值。于是更为深刻的探寻终止了，正如彻底得到的时刻亦是寻找过程永恒终止的时刻，这亦是追寻宿命的可悲之处。史铁生曾经说过："此岸永远残缺，彼岸才不会塌陷。"我们看待事物的片面性、表层性和功利性，让我们产生了某种错觉：此岸已经完满——事物的价值在此已经终止，彼岸于是塌陷。	对策分析 本质分析	提出从源头下功夫的想法。 分析"占有"而不能"拥有"的思想源头，并揭示其思维本质。
因而，在得到之后，我们要拥有，拥有的是更为深层的境界，是透过事物表象，正如这一本装饰精美、口碑甚佳的好书，它的精神内核是什么，我在其中见到了怎样构筑的世界观，又怎样影响着我对生活的理解，在这样深思慎取的过程后，我们才做到真正拥有与内化。	对策分析	指出透过表象，深思慎取以达真正拥有的具体过程。
我们追寻外物，不是为了经济适用，而是为了更高远的精神境界所服务的，我们从不废止地探索追求，为的是得到人生意义的圆融和真正丰盈充实	价值分析	深入分析实施上述对策的意义。

的内心世界。这种追求永无止境，这种拥有才真正具备意义。

去拥有而非占有吧！ 不要沉溺于占有很多的表象之中，我们奋力拥有，奋力内化，来填补和充盈自己的心灵，而达到理想的彼岸。

发出呼告	以呼告的方式重申立场，收束全文。

点评： 全文围绕"占有"和"拥有"这对概念进行思考。主体部分先重点分析"占有"的内涵，以及人们满足于"占有"的原因、危害和表现，写得简练而层次丰富。再重论"拥有"的内涵，"占有"却不能"拥有"的原因、实质和应对策略，写得十分厚实，得益于经典事例和言论的辅助。全文构思全面，论证过程逐层推进，思考完整深入，且有一定的文化和学理深度。作为考场作文难能可贵。

你来看此花时
（一考试）

	思维角度	思考内容
我们往往占有很多东西，如一本好书，一首好诗，或是一朵花，但它们却从未真正丰富过我们的心灵。王阳明有云，"你未看此花时，此花与汝同归于寂；你来看此花时，此花颜色一时明白起来，便知此花不在你的心外。"当代社会缺乏"看花"之人。	引出话题	转述材料，引用名言，指出当下问题。
我们为什么占有一些东西？占有的最初目的并非出于形式上的满足感或是炫耀心理，其本心在于丰富自己的内涵，拓宽自己的精神境界，甚至达到《逍遥游》中所谓"圣人无名，神人无功"的境界。那么为什么这些东西往往无法真正丰富我们的心灵呢？随着时间的推移，人们会逐渐"失其本心"，渐渐在无形中忘却占有这样东西时的初心，便出现"素蟫灰丝时蒙卷轴"的可悲之景，沦为形式主义的奴隶。这其中的原因不仅来自于个人对于	原因分析	通过两个设问，引出"占有"和"不能丰富心灵"背后原因的分析。

本心的淡忘,也来自于社会风气。

　　古时候,人们往往对自己所拥有的东西报以孜孜不倦的态度,圣人之所以为圣,在于他们总对当下占有的东西有过深入的感触,但依然不知足,进而催生新的"占有",也带来更高层次的心灵境界的提升。而在当代这个物欲横流、互联网主导发展的信息化浪潮之中,青年人一代由于对自我认知不清晰和难堪重负的羸弱而产生的"丧文化"正在信息的洪流中不断演进,有时甚至成了为人处事的主旋律,这样的一种"丧文化"使人们对自己占有的东西不足为奇,并且总抱有一种"明日何其多"的拖延心态来推迟自己深入接触所占有之物的时间。| 原因分析 | 从古今对比中具体分析当下人们"占有却不能丰富心灵"的文化和心态原因。

　　我们不禁发问,如何在占有一样东西之后使它丰富自己的心灵呢?在《前赤壁赋》中,苏东坡曾写道"惟江上之清风,与山间之明月,耳得之而为声,目遇之而成色",他正是因为善于"得之"、"遇之"才能找到心灵上的豁达与超脱。因此,对于当下的我们,我们需要有一颗发现探寻之心,并始终秉持自己当初占有时的本心,给自己诸如"今日事今日毕"的积极心理暗示,拒做将事物抛诸脑后的拖延症患者。| 对策分析 | 针对上文原因分析,从古代经典中得到启示,提出有针对性的对策。

　　当每个人都能从自己所占有的东西中获得心灵上的启迪和思维层次、精神境界的提升时,整个社会便会构建起"爱你所爱,行你所行,听从你心,无问西东"的求其本心的积极姿态,当代也会产生更多的"圣人"。| 价值分析 | 从个体和社会两个层面分析实施对策的价值。

　　我们要时刻"监视"自己所占有的东西,从形式主义的牢笼中摆脱出来,成为王阳明所言"看花"之人。| 收束点题 | 总结观点,呼应开头。

　　待你来看此花时。

点评： 文章尽显思维完整和章法明晰之精妙。从原因分析到对策分析，思维简洁却写得充实饱满。每个思考角度都注意到结构之美和思维之美，从结构之美看，全文原因分析与对策分析紧密相扣；段落之间"关键句"的使用如金线贯穿，让人一目了然；首尾呼应浑然一体。从思维之美上看，如原因分析中的"形式主义""淡忘本心"，古今对比分析原因中的"丧文化"阐释，对策分析中的个别与整体联系思维等等思维方法运用恰当，思考内容精当。

第二章　人我之间

第一节　成为别人与成为自己

每个人心里都明白,作为一个独一无二的事物,他在世上只存在一次,不会再有第二次这样的巧合,能把如此极其纷繁的许多元素又凑到一起,组合成一个像他现在所是的个体。他明白这一点,可是他把它像亏心事一样地隐瞒着——为什么呢？因为惧怕邻人,邻人要维护习俗,用习俗包裹自己。然而,是什么东西迫使一个人惧怕邻人,随大流地思考和行动,而不是快快乐乐地做他自己呢？在少数人也许是羞愧。在大多数人则是贪图安逸,惰性。

——尼采《成为你自己》

有的人不爱自己,一味自怨,仿佛是自己的仇人。有的人爱自己而没有理性,一味自恋,俨然是自己的情人。而这两种场合,更高的自我都是缺席的。做自己的朋友,这是人生很高的境界,诚如塞涅卡所说,这样的人一定会是全人类的朋友。

——周国平《成为你自己》

主题导引

正如世上没有完全相同的两片树叶，每个人都是世上独一无二的个体。人类大约有10万个基因，分布在23对染色体上面，任意两组基因的嵌合，都是机遇的产物，生命端坐于概率垒就的金字塔的顶端；你，我，他，都是自然界中不可复制的个体，"成为自己"是作为自然生命的人毋庸置疑的结论。

为什么会产生"成为自己"还是"成为别人"的分歧？这便要从人的社会文化属性来解释。马克思说，人是一切社会关系的总和。人在社会化过程中，受到来自家庭、地域和教育环境、时代环境等诸多外部因素的作用，每个生命个体或被动或主动地形成人生目标、观念认知，并走上自我实现的人生之路。是走"别人走过的路"还是"走自己的路"？在生命年轻的时段，由于经验缺乏，人可能如尼采所言的"随大流地思考和行动"，于是，我们以别人的人生为参照，有了偶像、目标，有了可供借鉴的成功人生的样板。但能否达到"人生样板"的高度，则与自己的禀赋、努力的过程和方法的选择等因素相关，而这些因素因人而异，因此，人还是活成了与众不同的自己的样子。

当下社会，媒体高度发达，人们的价值观千差万别。形形色色的"成功人士"，琳琅满目的造星运动，给人们提供了可以充分自由选择的"人生样板"，但如何"成为别人"却比过去更难，因为选项太多。若要做独特的自我，当下宽松的环境却有着更多的干扰因素，外部世界对人内部世界产生更普遍的强势介入，现代人，处在一个尴尬茫然的十字路口。

许多人向往波西米亚式的生活方式，波西米亚人游走在现代文明的大海边，在洁白空旷的海滩上自由舞蹈，他们自由奔放，自成风格，浪迹天涯。一些人"站在巨人的肩膀上"，比别人看得更远，成为一个令后人仰慕的高大自我；一些人师法别人，极尽"克隆"之能事，无奈最后还是成为自己不想成为的样子……

关于这个主题的讨论，其实主要聚焦三个问题。一是目标问题，即把"成为别人"和"成为自己"视作人向往追求的目标，前者是现实中的看得见的目标，后者是想象中的勾画出的目标。二是途径问题，即是取法别人的人生之路、进阶之梯、成功之道，还是自己设定这一切。三是融通的问题，"成为别人"和"成为自己"是否有先后之别？是否存在交集？是否可以统一？在当下这个统一性与多元和谐共生的社会,我们有太多可以展开讨论的空间。

一个人年轻的时候,想成为任何人,唯独忘了他自己。这似乎是一个普遍现象。

对此,你有何看法,请写一篇文章谈谈你的认识和思考。要求:(1)自拟题目;(2)不少于800字。

一、论题聚焦

从题型看,这是一则现象类作文题。这一现象概述了人们在年轻时候的一种人生状态:内心充满对某个偶像、某些职业的向往,但常常忽视了自己的客观条件,淡忘自己曾经的梦想。这一现象十分贴近高中学生对生活和人生的认知,学生没有陌生感、距离感,因而或多或少,或深或浅都能有所感悟,都能"有话可说"。

我们还是先聚焦这则作文题谈论的话题。

我们先圈划文题中的主要语词,理解彼此关系,然后可以对材料聚焦的话题作出如下提炼:如何看待"年轻人想成为任何人而忘了自己"的现象。

二、题目分析

（一）对关键信息内涵的审读

"年轻人"是现象限定的对象范围；核心信息是"成为任何人"和"忘了自己",这是审题的关键点。

首先要思考"任何人"指谁。此词非特称而是全称概念,还原这一语词的内涵和外延便成为思考的一个突破点。这里引入题目中"年轻人"这一视角,我们便不难揣度其意。年轻人心中想成为的别人(任何人),大致包括以下几种:建立丰功伟绩的英雄人物,如民族英雄、革命家等；达及事业巅峰的杰出人物,如科学家、艺术家、工商界领袖等；具有某些特征、技艺的人,如艺体界的明星偶像等。当然也可能包括某种彰显人生状态境界、某种生活理念追求、某种个性风格类型的人们……这些人可能符合年轻人的职业理想、生活理想、人生志向,甚至是审美趣味、个人喜好……从这个角度看,年轻人"想成为"这些"任何人",反映出他们内心的向往追求、趣味准则,表现在行动上便体现为对这些人的复制刻奇、借鉴学习等。当然从年轻人的特定年段看,这种想法和他们涉世未深、好奇冲动、可塑性强等人生阶段性特点有关。

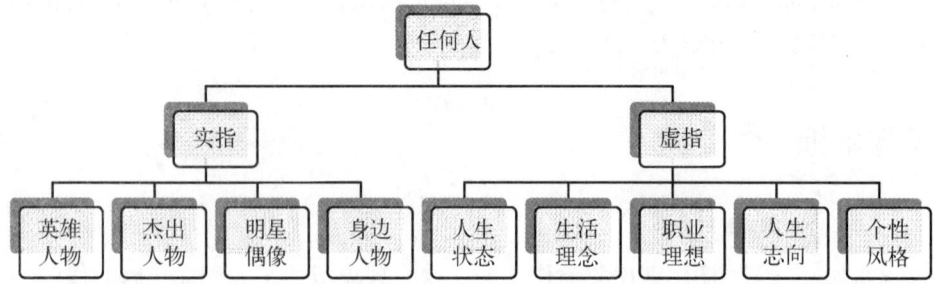

其次要思考"忘了自己"是为何意。"忘了自己"的潜在前提是有一个"自己",一个"原初"的自己、"本该"的自我、"独特"的自我。这牵涉到自己的家庭出身、客观条件、初始之心、禀赋天分等因素。因此,"忘了自己"可能包含超越自身条件、违背本有初心、脱离自我设定、僭越自我底线、魅惑自我心智等含义。

可见,无论是"想成为任何人"还是"忘了自己"其实都具有双面性,都有正反两面的丰富外延。如图:

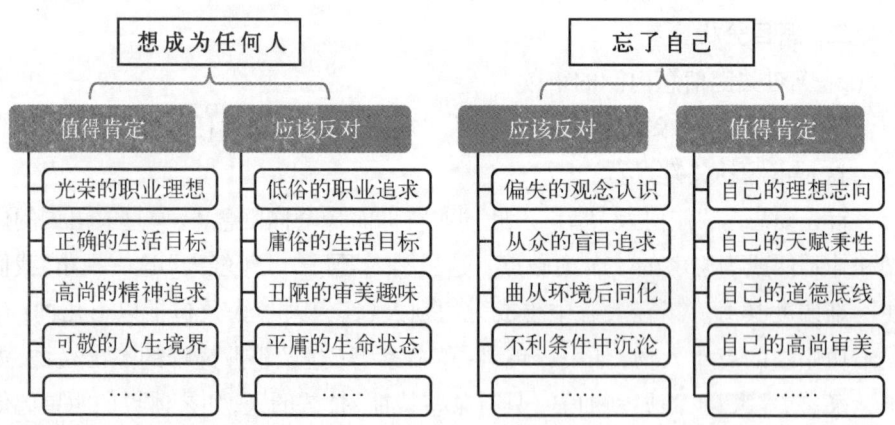

(二) 对关键信息间关系的分析

在材料表述中,"成为任何人"和"忘了自己",体现出等价关系,就是成为"任何人"(别人),也就意味着没有"成为自己",即所谓的"忘了自己"。这里自然引出一组二元关系,即"成为别人"和"成为自己"。

材料现象揭示了这组二元关系相互对立割裂的状态,指出了现实生活中年轻人在处理这组关系时产生的偏失,也就是"想成为任何人"的主观愿望产生了"忘了自己"的客观结果,或是说"成为任何人"而"没有成为自己"。这是推崇模仿他人和做回自己的矛盾,是年轻人自我追求、自我实现过程中主观愿望与客观现实的背离。

我们还可以深入思考:"想成为别人"是否必然"忘了自我"?"成为别人"和"成为自己"是否必然产生割裂?从两者的矛盾中如何寻找到统一的可能?材料最后一句中的"似乎"一词表明二者的割裂背离并非是一种必然现象,也并非十分普遍的现象。因此,矛盾的二元之间实有相互关联和统一的一面。

一是把"成为他人"看成"成为自己"的目标。他人的境界、成就、品行、行为等,是自我心之所向并努力前行的方向,也就是让自己成为一个可以比肩别人,看齐"任何人"的"自我",一个达成理想目标的"自我";甚至是超越别人的独特自我,还可以是成为其他年轻人想要成为的"别人"。正所谓"高山仰止,景行行止"。

二是把"成为他人"视作"成为自己"的条件。别人身上的优点、长处、经验、智慧,甚至是教训、曲折、挫败等,都可以看作是自我实现之路上的"他山之石",是可供自己学习借鉴的丰富资源、条件和动力,也就是取他人之长,弃他人之短,即所谓"站在巨人的肩膀上"或"以人为鉴"。

三是把"成为自己"(不忘记自己)看作"成为他人"的旨归。正所谓"学我者生,似我者死",学习借鉴绝非盲目的、机械的、教条的模仿复制,也就是要"以我为主",把自己的向往、志向作为从他人身上有所吸取和借鉴的基点和中心。当"想成为任何人"背离了自我发展的意愿和轨迹,那就可能导致自我的盲目跟风和从众,这就与自我实现的目标南辕北辙了。晚清大画家吴昌硕说:"学我,不能全像我。化我者生,破我者进,似我者死。"可见"任何人(别人)"存在的意义应该服务于个体实现自我、创造自我、超越自我的旨归。

总之,从"二元统一"的角度看,一种是以别人为目标和动力,去学习借鉴别人,等达到别人的高度后,再形成特色个性,追求自我存在的独特性。另一种是一边学习借鉴他人,一边有所扬弃的"拿来",有所选择,取我所需,在"成为任何人"的过程中塑造理想中的自我。

立意举隅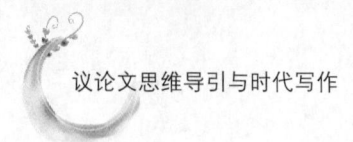

从质疑材料中现象的角度立意,主张年轻人不能只想着成为别人而唯独忘了自己,抑或:年轻人要努力成为自己而不要成为任何人。从这个立意的角度出发,应重点分析"成为自己"即为追求自己的梦想,实现自我价值;分析"成为任何人"即为复制别人的人生、模仿别人的轨迹,最终不仅难以达到别人的高度,还会迷失自我。这是顺着材料意思写,立意比较中正,符合常态认识,但是难出新意,容易写得平庸。如能联系当今社会年轻人中存在的非理性追星和庸俗的偶像崇拜现象写,则又能展现这一论题的现实针对性而具有廓清认识的意义。

从肯定材料的角度立意,主张年轻人就该敢于追求心中向往的"别人"所拥有的人生高度。将"成为任何人"定义为具有极大可塑性的年轻生命的理想追求、敢于尝试超越自我的少年志气,将"忘了自己"界定为不为现实差距所困,不被自身条件所限,高扬生命主体意志和主观能动性,去改变自身,创造条件,实现人生追求。这样的立意似乎有违材料意脉,但比较新颖,格调较高,彰显少年情怀。但要避免情绪化的空洞抒情,要在情感感染力中注入理性思考的力量。

从思想相对中正的角度立意,将"成为任何人"和"成为自己"二者相互统一关联,着重分析将二者割裂的危害和将二者统一的意义,主张年轻人应以"成为任何人"为梦想之梯,以"不忘自己"为现实之基,走上成就自我的康庄之路。这种立意角度逻辑相对缜密,思考相对辩证,但要在冷静说理中写出深刻思考也非易事。

范文引路

<table>
<tr><td colspan="2">成为自己才能成为任何人
（一考生）</td><td>思维角度</td><td>思考内容</td></tr>
<tr><td colspan="2">　　一个人年轻的时候，想成为任何人，唯独忘了他自己。而这似乎是一个普遍的现象。</td><td>引述材料</td><td></td></tr>
<tr><td colspan="2">　　首先，为何行为的发出者多是年轻人而鲜有成年人？这或许源于<u>年轻人拥有较强的可塑性</u>。人们常说<u>年轻人有失败的资本</u>，在选择成为怎样的人时，纵使第一次投入血本无归，也大可有从头再来的本钱与机会。这在无形中，也为年轻人想成为任何人提供了先决条件和可能。</td><td>原因分析</td><td>从年轻人可塑性强和有失败资本角度分析年轻人产生这种想法的原因。</td></tr>
<tr><td colspan="2">　　此外，相比于历经世事的长者，<u>年轻人对世界的认识与了解甚少，心中的顾虑也不多</u>。这为好奇心的生长提供了极好的土壤与环境。<u>加之现代信息技术的发达</u>，年轻人所获取的信息呈指数级的增长，更能看到想成为的任何其他人所具有的<u>优势与闪光点</u>，两者结合起来心生向往之情也便不难理解了。同时，年轻人对<u>生活中的挫折更加敏感，更容易产生跳脱当下，行走在天马行空的精神世界的想法</u>。因此，在不知不觉中便唯独遗忘了他自己。</td><td>原因分析</td><td>从主客观两个方面进一步具体分析题中现象产生的原因。</td></tr>
<tr><td colspan="2">　　就其造成的影响来看，我认为年轻人怀有一份对世界的好奇探索与热爱，不仅是天性，更是上天赐予的独特礼物。<u>无限的想象便意味着无限的可能，如此一来我们便难以被现实阻挡，在探索的过程中不断修炼，找到属于自己的路</u>。</td><td>价值分析</td><td>分析年轻人的这一向往对其人生发展的意义。</td></tr>
<tr><td colspan="2">　　然而，<u>这绝不是说一味地想成为任何人而遗</u></td><td></td><td></td></tr>
</table>

忘现实中的自己便是一条通往成功的捷径。相反，这正有可能是一条作茧自缚，甚至走向毁灭的不归路。所有人都生活在现实世界中，纵使想象的世界再美好，失去了所需的实践和能力，这样的想象终究是空洞而没有任何增益的。人们在自我世界中沉溺，在现实的世界中萎缩，此时此刻，再去宣扬自己强大的想象力，岂不幼稚甚至可笑？ | 危害分析 | 分析年轻人的这一向往可能对其产生的危害。和上段构成正反对比。

面对成为任何人的想象与必须做自己的现实，我认为我们应先成为自己，再成为你想成为的任何人。 | 对策分析 | 用先后关系解决"成为自己"和"成为任何人"的矛盾。

个体无法跳离自身去实现理想，想要成为任何人，只能先关注当下的自己，只有自己才能成为任何人。我们先应像雅典德尔菲神庙里石柱上的箴言上所写的那样"认识你自己"，认清自己的本心，了解自身的长处与短处，再如王安石在《游褒禅山记》一文中所言的那样，志、力和外物三者有机结合，成为更好的自己，增益其所不能。 | 对策分析 | 借用中西两条道理提出具体做法。

此后，在成长的路上和人生的途中，用"世界为我而造"的魄力，继续怀有那想成为任何人的想象，体验不一样的人生，收获更多的人生价值。 | 对策分析 | 写出践行对策之后的愿景。

想成为任何人，但不能忘了自己。 | 总结论述

点评："先成为自己，再成为你想成为的任何人"，这是本文所提出的鲜明观点。从辩证性上，这个观点将材料中的矛盾双方，巧妙地结合起来，很有创见！从论证过程看，全文循序渐进，逐层推出。首先从年轻人的视角重点分析现象产生的原因，然后能够辩证分析现象之利弊，在此基础上以先后关系解开矛盾。全文论证上着力于道理的阐释和推演，活用辩证思维，显示出优秀的思辨能力。

	思维角度	思考内容
认尽他人成己身 （一考生）		
年轻时，我想成为任何人。不论是对英雄伟岸意志的推崇，对精英人士有为的艳羡，对父母师长绵长如水人生的向往，甚至是对为恶之人肆意放荡的暗爽。	概念阐释	对"成为任何人"的内容具体化。
这是因为在一个人的年轻时期，自我人生的价值暂付阙如。正如纪德在《人间食粮》中所言，"借助芦苇的摆动，我们才能认识风"。从任何人已渐有模样的人生中，我们识出了自我如风般还未成形的人生所具有的诸多可能。	原因分析	从年轻人价值观阙如的角度分析现象产生的原因。
而这一"任何人"的模仿之本实则并不精确。在真实境遇中，年轻人实际上趋从"模仿并非推理"本性去试图成为任何人的，是"任何人"身上触动本心的思想、行为、情感。比方说，小朋友的梦想大多是宇航员、科学家，因为在他们这一年龄所能接触到的信息中，这是最崇高的职业。而年岁渐长的学生一派则倾向于医生、教师等，只因他们对现实有了一定的了解后，知此二者为崇高性职业，此为向善之心。而对恶行潜意识中的一些趋同，则体现出放出本我欲望的向适之心。	本质分析	揭示模仿别人出自于年轻人的向善和向适之心，分析和提炼都很到位。
在向善之心与向适之心的博弈与融合，加入成长途中对世界的观照与对自我的体认后，便可以塑成自我独特的意义和价值，吹尽他人的芦苇之形，成就自身之风。	价值分析	简析"二心"对"塑造自我"的意义和价值。
然而，或许是凡庸之人因事成而后促成的随波逐流之风太过激烈，更多的人在华兹华斯笔下"追逐他人幻影"的途中一去不返，他们忘却了纪德之言的后一句"但风比芦苇更重要"。		

从古人"学得文武艺，货与帝王家"般所有士子将仕途作为唯一价值，到今日一些青年人之语"我想当网红"。"成己身"，此原初之心似被忘却，自我的可能性也在这盲目构成的范式中被消解了。 | 危害分析 | 辩证指出盲目模仿对"成为自己"的危害。

这一盲目性体现有二，一则对自己的特性与所长未有足够体认。汤显祖被誉为"东方的莎士比亚"，可他一生将剧作视作末流，终身科举而未得志，郁郁而终。只因他想成官，而不是以自我"微薄之技"来写剧。二则是不明白海德格尔所言的"人是目的"，人始终在形成中，自我价值的实现才是人生的终极意义与真理，无关他人。就如桑地亚哥在与马林鱼的搏斗中，窥见了此刻的真实，这一真实绝不是"想成为任何人"。 | 本质分析 | 具体分析盲目模仿的具体内涵，见出思考的具体深刻。

所以年轻时确应"入乎其内"，从任何人的身上，找到自己；在这之后，切记要"出乎其外"，超越对他人的模仿，如伊卡洛斯般飞出盲目趋从他人的迷楼，把握本心与志趣，去凝练形成属于自己的人生意义。 | 对策分析 | 先"找到自己"后"超越他人"，辩证解决文题中的矛盾。

杜加尔说："生命是一场绵延不绝的渴望，渴望不断上升，最后变得高贵而绵长。"前半生渴望认尽他人，后半生在此基础上渴望于过好生命当下时空的延伸。如此，众多面貌最后化聚成一张脸。"我"的脸——亦是人类共同的容颜。 | 总结论述 | 点题，总结观点，表达有感染力。

总评： 先模仿别人再超越别人，作者的这一观点，非常准确地诠释了"成为别人"和"成为自己"的关系。论述中十分精彩的是两处本质分析：一是年轻人模仿任何人现象中指出是出于"向善之心""向适之心"，二是对当下年轻人盲目模仿别人而忘记初心的实质分析；前者语言提炼精当，后者理据有说服力。本文十分恰当地运用各种论证方法，提升了各个思维角度论证的充分性。

第二节　展开辩论与保持沉默

> 我沉静下去了。寂静浓到如酒，令人微醺。望后窗外骨立的乱山中许多白点，是丛冢；一粒深黄色火，是南普陀寺的琉璃灯。前面则海天微茫，黑絮一般的夜色简直似乎要扑到心坎里。我靠了石栏远眺，听得自己的心音，四远还仿佛有无量悲哀，苦恼，零落，死灭，都杂入这寂静中，使它变成药酒，加色，加味，加香。这时，我曾经想要写，但是不能写，无从写。这也就是我所谓"当我沉默着的时候，我觉得充实，我将开口，同时感到空虚"。
>
> ——鲁迅《三闲集·怎么写》
>
> 我不否认人与人之间沟通的可能，但我确信其前提是沉默而不是言辞。梅特林克说得好："沉默的性质揭示了一个人的灵魂的性质。在不能共享沉默的两个人之间，任何言辞都无法使他们的灵魂发生沟通。"对于未曾在沉默中面对过相同问题的人来说，再深刻的哲理也只是一些套话。一个人对言辞理解的深度取决于他对沉默理解的深度，归根结底取决于他的沉默亦即他灵魂的深度。所以在我看来，凡有志于探究人生真理的人，首要的功夫便是沉默，在沉默中面对他灵魂中真正属于他自己的重大问题。
>
> ——周国平《论沉默》

主题导引

探讨"说与不说"和探讨"辩论与沉默"完全是两个问题。说，是自我表达；不说，也是一种自我表达。而辩论必须有一个自我之外的对象在，沉默也表明人对外界事物的某种立场。因此，我们思考"展开辩论"还是"保持沉默"绝不是个体层面的言说、表达,而是个体与个体、与群体之间的言语和思想交流,也就是辩论是双边活动,即我或我们要和谁展开辩论或保持沉默。

基于双边活动的性质,辩论还应双方各执一端,彼此立场观点相互对撞;有了对立性,双方才有辩的可能,也有不辩即沉默的存在可能。有不同立场和看法的双方甚至多方存在,才能构成彼此之间的思想交锋。一个人不可能自己同自己辩论,一个人头脑中的两种或多种想法的权衡、比较,是思考或思辨,而不是辩论。当然,无论辩论还是沉默,还得有一个共同的论题存在,也就是围绕同一个现象、话题、观点来分辨是非、好坏、善恶、美丑等;或许不是为了谁说服谁,而是要辩出个真理在,即我们常说的"真理越辩越明"。

我们生活的这个时代,是一个价值取向多元、自由选择多样的时代,这是后现代社会的一个基本特征。人们彼此之间普遍存在差异性,包括个体差异和群体差异。这些差异表现在社会生活的方方面面,如学生群体中的个性化发展差异,考学目标的不同,偶像崇拜的不同;成人世界里的差异更加明显,包括已经成熟或自洽于己的人生观、世界观、价值观、审美观等等方面。从群体性角度看,社会普遍存在着各种潮流、盲动、主流、非主流等等。

在当今社会,选择辩论还是沉默,表明了自我对外部世界中各种差异、矛盾的立场态度。发展变革和时代转型中的社会,需要我们理性思考,审慎选择。因此,展开辩论一为激浊扬清,二为在多样性中做出自我选择。无论是辩论还是沉默,甚至不一定为了寻找真理之所在,而是为了让彼此的选择更趋合理,更合乎理性,而这恐怕是后现代社会中找到自己合理存在的较为可行的途径。

作 文 题

人们对待生活总有不同的观点和立场,有人相信理越辩越明,可以通过辩论统一认识;也有人认为即使你再有说服力也难以改变对方立场,不如选择沉默。

面对不同观点立场,我们应该展开辩论还是保持沉默?请写一篇文章,谈谈你的思考。

文题解析

一、论题聚焦

这是一则观点型材料作文题,分为观点陈述和写作提示两个部分。观点陈述中给出了两种相反的观点,而写作提示对两种观点所聚焦的话题进行了归纳,即:面对不同观点立场,我们应该展开辩论还是保持沉默,这是写作必须牢牢抓住的中心话题,不可偏离;从中可提炼出"不同观点(立场)+辩论或沉默"这两组关键词,必须围绕这个话题和关键词写作,否则便偏离了作文题要求。如:

A. 面对人们的不同立场,我们该如何选择——扣住了"立场",丢了"辩论"或"沉默";

B. 真理是否越辩越明——扣住了"辩论",丢了"不同观点立场"和"沉默";

C. 论述"沉默是金"的观点——扣住了"沉默",丢了"不同观点立场"和"辩论"……

这些立意均没有完整抓住题目所要求聚焦的话题,立意上虽没有脱离题意,但处于"基本符合题意"和"偏离题意"之间的灰色地带,游走在偏题的高压线上。

二、题目分析

这道作文题的材料分为两个部分。

第一部分是"人们对待生活总有不同的观点和立场"。

这是后面两种观点得以生发的"对象",是写作时不能在思考中丢下的一个"大前提""大条件",也就是不能孤立地分析辩论或是沉默的好坏、优劣、长短等,选择辩论还是沉默必须以"面对不同观点立场"为前提条件。

如何看待"人们对生活总有不同的观点立场"?这与每个人所经历的生活有关,每个人的生活是不一样的,对生活的感受和理解也就不一样;哪怕面对宏观层面的共同的社会生活,也因个人的生活愿景、追求的不同,以及每个人的人生观、世界观和价值观的差异而产生不一样的感受。这些不同观点立场,可能在特定条件下有正误是非之分,也可能无法简单归结为谁是谁非;而且在改变具体条件的时候是非对错也会发生变化,甚至反转。正是这种复杂的"不同",一方面让这个世界呈现出形态各异、色彩斑斓的浮生世相;另一方面人们彼此之间或相互包容,或相互质疑,或求同存异,不同观点立场之间有差别的共生共存关系,不断丰富着人们生活哲学的更多内涵。

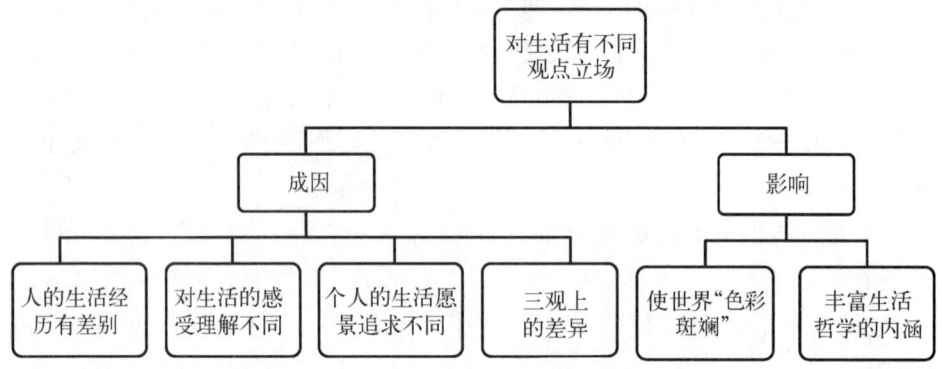

材料的第二部分是两个相互对立的观点:有人相信理越辩越明,可以通过辩论统一认识;也有人认为即使你再有说服力也难以改变对方立场,不如选择沉默。

每个观点的两句话内部均形成前因后果关系。因为"相信理越辩越明",所以有人选择"通过辩论统一认识";因为有人认识到"再有说服力也难以改变对方立场",所以"选择沉默"。

从前一观点而言,其成立的内在逻辑在于:辩论让不同的观点立场相互交锋,让不同看法进行比对,以明真假、辨善恶、现美丑;从而激浊扬清,让道理统一于符合真善美、摒弃假丑恶的层面。

从后一观点来看,有说服力却难以改变对方立场,背后原因在于,一方面是对方立场之坚定,每人都固守自己的原则、底线和认识生活的逻辑、对生活的价值诉求;另一方面,自己所谓的"说服力"也可能仅仅是自己相信坚守的立场和逻辑,可能因自己的认知缺陷和偏误,导致"说服力"不强而不自知,更大的可能性其实是不同人的认知和理解差异,加上人人固守自我,因而难以达成理解上的交集、认同或一致。

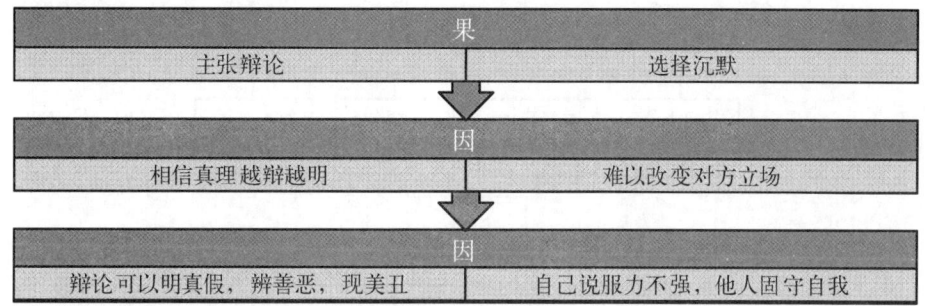

再仔细看，前一观点说"通过辩论统一认识"，"辩论"是途径，而"统一认识"是目的；细看后一观点，"沉默"其实是"难以改变对方立场"后采取的做法。综合看，两个相互对立的观点，也有统一之处，即改变对方立场达到统一认识的目的。对立之处在于两点：一是方式的区别，即辩论和沉默的区别；二是结果的区别，即前一观点中辩论双方可能达成统一或者不能达成统一，后一观点中则根本无法达成统一。

这里我们可以进一步思考，是否一定要通过辩论的方式达成改变别人立场形成认识的统一？别人什么样的观点立场需要改变？统一认识的必要性何在？选择辩论是否一定可以统一认识？选择沉默是否就真的无法改变对方立场？

再从"辩论"和"沉默"概念的内涵来说。

"辩论"，它指彼此用一定的理由来说明自己对事物或问题的见解，揭露对方的矛盾，以便得到共同的认识和意见。可见辩论的价值恐怕不仅在于说服对方，更不在于把不同的认识统一起来，而在于让真理越辩越明，来求同存异并在某些方面达成双方都可以接受的认识、观点和立场。

"沉默"，表面意思为"不说话"或"不爱说话"，"不说话"不等于对不同观点没有判断和选择，可能恰是对某种观点立场的无声的反对和无法改变的无奈，也或者是某种限度之内的默许。"不爱说话"也不等于没有对矛盾想法的思维纠葛、碰撞，可能是不屑于改变别人观点的无奈或愤怒；也可能是苦于找不出摒弃假丑恶以回归真善美的观点、立场之办法和策略时的苦闷、无助。辩论和沉默看似不同的选择，也可能都是面对错误立场观点的反对和不赞同，还可能是对道理、真理的不同坚守方式。

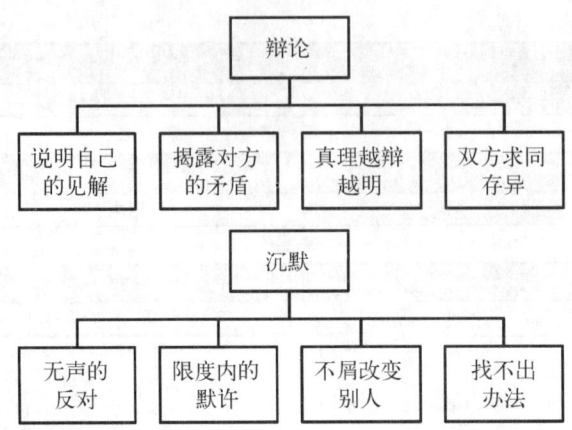

立意举隅

观点对立型材料作文题的立意,一是选择一方反对一方,二是综合两者的统一之处,三是对此话题进行补充延伸。

角度1:主张人在面对不同观点立场时就应该展开辩论而非沉默,以廓清认识,回归真理,高扬正确的价值观、审美观、真理观、道德观等。

我们可以从历史和现实等角度指出观点和立场的差异、不同,从来都是客观存在的。当下自媒体时代,网络上更充斥着不同的言论和立场,只有通过辩论,才能擦亮眼睛,运用理性和一定的科学、道德、审美标准,来识别真伪、善恶和美丑。而选择沉默,听之任之,必然混淆视听,甚至成为有害言论的帮凶,加剧社会舆论的浑浊化,不利于弘扬正气,净化社会空气。

角度2:主张人在面对不同观点立场时可以选择沉默,不做没有成效或没有意义的辩论。

从人们观点立场不同且难以改变的角度切入,有些错误的观点既然无法改变,进行辩论反会加速其传播;很多时候清者自清,浊者自浊。当下那些颠倒黑白甚至危言耸听、混淆视听的言论,是经不起时间、实践和人心的检验的,必将不攻自破。那些一时难辨真假好坏、不能简单判断的言论,我们更不能站在一己之立场盲目声讨、辩驳,沉默或许是使其水落石出、云开雾散的更好选择。再说,沉默并不是无所为,它可以是一种无声的反抗,是不与荒谬言论观点为伍,不屑发声与其对话；或者是静下心来对各种观点言论深入研究，以己之清明通达来为影响周围人做准备。

角度3：主张在面对不同观点和立场时要具体问题具体分析，适时适当地选择辩论或沉默的方式给出应对。

对那些给他人和社会可能产生危害影响的观点，我们要旗帜鲜明地运用辩论的方式给予批驳斗争，不可听之任之；事不关己高高挂起，无意中会成为不良言论面前的"看客"。面对那些与自己立场不同而不对他人和社会产生多少危害，或者是一时难辨好坏美丑的观点，我们完全可以用沉默的方式包容其存在，先不必强求统一，等认识清楚后，择其善者而从之，其不善者而改之。

角度4：面对不同的观点立场，与其陷入辩论或者沉默的矛盾纠结以期待说服对方，还不如提高自身思想认识、道德修养和审美素养，以更大程度上保证自己观点、立场和言论的正确性（即合乎科学、道德和审美）。

俗话说，正人先正己，只有提高自身，方能在各种言论观点肆意横飞、"乱花渐欲迷人眼"的时代，坚守自我立场和原则，这样才能提高自己观点立场的说服力、影响力，从而更好发挥自己的"辩论"或"沉默"的社会感召力。

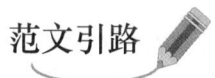

范文引路

	思维角度	思考内容
君子和而不同 （一考生）		
"正是不同才构成了我们这个世界"。诚然，人们对待生活总有不同的观点和立场。<u>持有不同观点的人仿佛站在天平的两端，然而思想的天平必然会倾斜，否则人类只是思想趋同的机器。</u>	简析材料	分析人们不同观点存在的客观性和思想倾斜的必然性。
有些人认为应展开辩论辨明真理，另有人则认为立场难以改变而选择沉默。<u>在我看来，真理是客观而需明辨的，而对于观点立场，我们不能一味地改变他人想法而因循"和而不同"之道。</u>	概念辨析 提出观点	明确提出观点，区分"真理""观点"的不同。
有时，<u>我们持着手中的真理欲与天平对面的人		

辩论统一认识，却往往忽视了观点立场的主观性：区别于客观真理，看待生活的不同观点与立场往往受到环境、性格、阅历等的限制与约束。其独特的主观性造就了这世间各不相同的思维体系，正如"世界上没有两片一样的叶子"，我们必须承认观点区别于真理的特性。	原因分析：分析"观点"和"真理"相区别的原因，即理由。
由此观之，我们想通过辩论展开交流，荟萃不同个体间的思想，并非寻求一个统一的"真理"，而是以此寻求更优于过往的思维体系，以及一个更为广博的生命气象。古语有云："君子博学而日参省乎己。"在展开辩论的过程，实则是打磨自我原有的思想，并有意识、有选择地接纳他人思想之过程。正如鲁迅先生《拿来主义》的论断，吸收精华为我所用并不失为一种明智的做法。"若一个人不读书，那他只能活一辈子"，一个人的生命长度之有限更需外界的声音以拓宽其广度与深度，寻求生命气象的拓展。	本质分析：深入分析辩论的本质内涵，接着分析辩论过程的本质内涵。
因此，展开辩论而后获得的是日臻完善的自我。	价值分析：在揭示本质的基础上归纳辩论对于人的价值意义。
反观那些不愿展开辩论而趋于保持沉默的人，他们也并非不知晓交融思想的益处。	
他们之中的一些人认为天平的另一端与其缺少对话基础。正所谓"井蛙不可语于海，夏虫不可语于冰"，他们便选择了不言；而他们之中的更多人则是成了犬儒主义的代表，沦为沉默的大多数。这样的犬儒主义往往会导致个体言行思想的一贯性，随之而来的是群体中出现越来越多不愿声明自我思想的乌合之众，而最终的结果很有可能则是整个社会的思想趋同。所谓"流水不腐"，而如此以往社会将成为一潭死水，不再奔流，而人类的思想天平也将不再倾斜，最终生锈、腐朽。	危害分析：集中分析人选择沉默的危害，从个体到群体到社会，逐层深入。

是故，面对不同的观点与立场，我们要保持思想天平的动态平衡，使社会秩序有条不紊却有生机，寻求君子之"和而不同"。　　总结点题　　总结论述，再次重申观点，并点题。

点评： 文章从"真理"和"观点"的联系和区别入手进行思考，接着分析"真理"的客观性特征和"观点"的主观性特点；由此深入分析进行辩论的意义和价值在于"打磨自我，接纳他人"，从而让自我"日臻完善"。文章"转"的部分论述一味选择沉默的危害，分析十分深刻。全文引用得当，语言有一定学理性。综合来看是一篇考场佳作。

无声处听惊雷
（一考生）

| | 思维角度 | 思考内容 |

人的一生中势必会持有与他人截然不同的观点与立场，社会的多样性与复杂性注定了对立多元的产生。于此，我们难免困惑与犹豫，展开辩论还是保持沉默？似乎难有万全之策。　　提出论题　　结合自己的理解，转述材料。

"沉默"或许扮演了太多万金油的角色，尤其是观点相反之时，太多人默契地选择了"沉默是金"的态度，因此就该称他们"怒其不争"吗？"辩论"同样是大众在利益相抵触时选择的利器，唇枪舌剑又一定值得肯定吗？恐怕都未必。辩论区别于强迫对方接受自己的观点的"扣帽子"行为，而是应该表现为以说理的形式输出自己的思考与认知，和胁迫硬塞的强盗行为大相径庭。沉默亦然，于三缄其口中，听之任之有之，然而无声的悄然的抗争与反对亦有之。因此，我们很难定义两者，孰是孰非更要据实际情况而定。　　概念思辨　　对"沉默"和"辩论"两个概念进行诠释和辨析。思考全面。

诚然，各人有各人的观点意见。世上千万问题，觅不到正确答案的比比皆是，除去客观世界中的真理事实，其余主观都是说不清道不明的。即便如此，展开辩论从某种角度来说依旧是不可或缺而必要的。人类并不生来带有既定的立场，而是在后期的环境影响和自身发展中应运而生的。通过辩论，并不一定是为了使对方接纳自身输入的观点，而是交换思想、情感交融、思维碰撞的必要过程。我们在辩论中的收获不是洗脑般地单方面赞成对方，而是自我的反思与更深层次的领悟。因而，辩论本身并不是一件多么值得称道的事，后续所引发的多米诺骨牌效应才是真正有价值和意义的东西。人类需要辩论，正如草木索求阳光，作为普照的深层次教育，辩论远不止是你来我往中的唇枪舌剑。

| 价值分析 | 对辩论的必要性，即意义价值进行分析。"交换""碰撞""反思""领悟"等词非常凝练准确地做出了概括。|

如此，沉默又当如何自处？它不是食之无味弃之可惜的鸡肋。沉默与辩论不是对立的角色，而是相互融合、部分重叠的亦敌亦友。在坚持己方立场的前提下，无非是两种不同的表现形式。辩论是入世，冀世人之深感自省；沉默是出世，孤芳自赏。任何有独立思考能力和思想深度的人，不会因沉默或发声就人云亦云，更不会执拗己见。及时接受明见，抛弃歪理，才是正解。

| 关系辨析 | 从对立和统一的辩证法思维角度分析两个核心概念的区别和联系，思考辩证，有逻辑力量。|

辩或默，相伴相生，互相依存，因此才有"于无声处听惊雷"一句，已是道尽一切。

| 总结点题 | 总结全文观点，引出题目出处。|

点评：全文围绕社会的多样性和人们价值认知的多元性现状指出"无论辩论还是沉默都难以万全"的立场。全文重点从"辩论"和"沉默"这两个核心概念内涵的联系和区别进行分析，对问题聚焦准确，分析极具思辨性。文章主体部分分为三个思维逐步推进的层次，先是对两个核心概念进行基于自身理解的界定，然后重论"辩论"的实质和价值，最后分析两个概念的统一和对立之处。整个分析过程都充满思辨性，语言表达简练且富有理性。

第三章 资讯社会

第一节 多样信息与自以为对

> 凡事一看透,激情便褪去,但天晓得所谓看透会否自以为是。信与疑,热与冷,人的一生总在对同一事物的认知上左右摇摆莫衷一是,转变往往只在一念间,自我推翻、交叠覆盖,直至承认宇宙无序、生命无解。
>
> ——三盅(作家)
>
> 我们都在通过不同视角看待世界,这些视角在很大程度上是由我们听到和读到的不同真相塑造而成的。其他人经常会有意或无意地引导我们看到真相的某些方面或某些解释。20世纪伟大的政治新闻记者、竞争性真相的使用专家沃尔特·李普曼写道:"我们的看法涉及的空间、时间和事物超出了我们的直接观察范围。因此,我们不得不根据其他人的说法和我们的想象将它们拼接在一起。"其他人的说法成了我们感知到的现实的一部分。由于我们根据感知行动,因此其他人的说法也会影响客观现实。
>
> ——[英]赫克托·麦克唐纳《后真相时代》

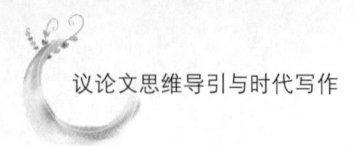

主题导引

伴随着信息科技和媒体技术的迅猛发展，当今世界进入了一个信息资讯井喷式发展的历史新阶段，人们获取信息的途径十分便捷，自己制作和发布信息也成为生活常态。在这样一个自媒体时代，面对扑面而来的各种信息，受众该如何应对？后真相时代，我们该怎样从丰富多样的信息中寻找真相以做出判断？

我们必须找到问题的答案，因为媒体信息已成为我们每个人的家常便饭。信息对整个社会的影响力已经逐步提升到难以取代的位置，一如曾经在这个位置上的蒸汽、电力、石油。

我们首先要认识到每个人都身处信息的海洋之中，而我们所接受到的信息其实都不是信息的全部。在《后真相时代》一书中，作者指出每一个信息的传播者均可以"通过许多方式描述一个人、一起事件、一件事物或者一项政策，这些描述可能具有同等的真实性"，可见，依据我们仅有的信息作出判断无异于"盲人摸象"，难免以偏概全。因此，站在一个开放包容的立场去尽可能多地接受各种丰富的信息，然后进行甄别分辨，以尽量求得事物的全貌，是我们应有的一种生活姿态。

接下来，在思维方式上，我们应该学习批判性地解读和使用媒体信息，以科学理性的态度来判断信息的真假、对错，以道德理论的视角来判断信息是否客观及其背后是否有不良意图隐藏。这样，当我们凭借自以为对的信息去做判断的时候，我们便会建立一个客观理性的评判标准，以确保"自以为对"实际上是"真对"。

当然，要提高信息判断的能力，就应该"在游泳中学会游泳"，在学习判断信息中积累经验；还应突破固有常识的局限，不断扩大视野，拓展知识，在丰富立体的社会人生中，提升自己感知的灵敏度、认知的高度和视域的广度。

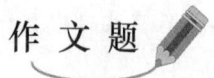

现实生活中，有些人并没有因为信息获取的途径便捷、获得的信息多样，而

改变更倾向于依据自以为对的信息做出判断的情况。

对此你有怎样的思考？请写一篇文章，谈谈你的看法。要求：（1）自拟题目；（2）文体不限（诗歌除外）。

文题解析

这道作文题具有鲜明的时代特征。信息大爆炸时代，扑面而来的各种信息充斥于人们的生活之中；从不同视角、不同立场、不同"新闻制造者"发布出来的信息，让人眼花缭乱，真假难辨，甚至出现离奇的"剧情反转"。作为信息的接受者，如何在雾里看花以探知真相，进行准确判断，需要我们擦亮双眼！此作文题秉持了上海高考作文题一贯凸显的关注社会生活、关注理性思辨能力考查的特点。

首先，要准确聚焦作文话题。

这是一则现象类材料作文题，我们要从材料所描述的现象中准确提炼"核心话题"。从材料语言表达本身看，作文材料是一个表意内容丰富的复杂单句。我们可以通过给句子划分成分的方法厘清句中的语言信息。如下：

[现实生活中]，有些人并没有[因为信息获取的途径便捷、获得的信息多样]，而改变（更倾向于依据自以为对的信息做出判断）的情况。

句子的主干是"有些人没有改变情况"，从中我们似乎读不出多少值得思考的信息，"有些人"这一措辞，表明此类现象具有一定普遍性，但并非是"全称判断"。句子的枝干倒是审题中的关键信息。先看状语"现实生活中""信息获取的途径便捷、获得的信息多样"，它呈现了当今社会信息的两个特点——"多样"和"获取便捷"。再看定语"更倾向于依据自以为对的信息做出判断"，其言下之意是人们似乎不愿意利用便捷的途径获取多样的信息，而坚持凭借"自以为对"的信息来做出判断。材料暗含了一个基本的认知逻辑，即依据"对"的信息做判断；也揭示了一个显见的认识矛盾，即在面对"依据信息-做出判断"的逻辑关联中，客观现实（当下社会信息丰富）和主观意愿（固守自以为对的信息）之间存在着不小的矛盾。

根据以上解读，我们可以将这道作文题在表述上进行这样的转换：虽然生活中信息多样也易于获取,但是人们依然倾向依据自以为对的信息做判断。

可聚焦这样的话题:面对多样且易得的信息,人们是否应倾向于依据自以为对的信息做判断?话题聚焦的图示如下:

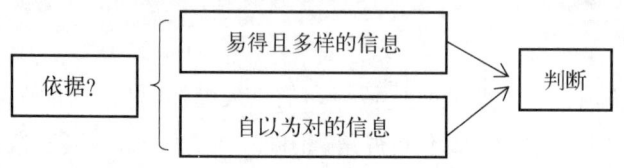

接下来,对材料关键信息做一番审读。

一是关于"自以为对"的信息

"自以为对"是否真的对?"自以为"即"自认为",有着强烈的主观判断意味,因而可以深入思考,这种经过主观判断认可接受的信息,是否符合客观事实的真相?是否存在主观判断与客观事实或吻合,或偏差,或背离的情况?个人或群体在主观判断下的"以为对"的信息应该依据怎样的判断标尺?这里,无外乎从三方面思考,即科学的尺度(真)、道德的尺度(善)、审美的尺度(美),用这三把标尺来丈量信息的真假、善恶和美丑,以此确立信息的所谓"对"与"错"。如下图:

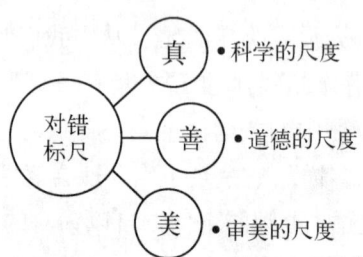

也就是说,只有依据"自以为对"且真的"对"的信息,才能做出客观公允且坚信不疑的"对"的判断,否则"自以为对"仅仅是一种脱离客观依据的主观臆断,那就未必"对",甚至是"错"。

二是关于信息获取"途径便捷"和"信息多样"

这是否为一种相对利好的信息环境?客观而言,信息易得且多样,具有积极正面的价值,有助于突破自我狭小生活圈子的局限,能帮助人们开阔视野,打通自我世界与外部世界的广泛联系。但是,外界多样的信息也必然泥沙俱下,真伪难辨,因而从人的个体角度来看,多样的信息也可能令人迷惑、纠结,甚至无所适从,乃至误入歧途。此外信息获取途径虽然便捷,但途径的可靠性也需要考量,通过错误的不正当的途径获取的信息必然失于片面、虚假,通过正当途径获取的信息则有了客观、真实的保障。

三是关于"不改变更倾向于……"

这种"倾向"是否值得肯定和推崇?这个"更"字,表明人们是经过对外界信息进行不同程度的比较鉴别而后所做出的选择,这样的选择也许是理性分辨之后的"优选",也许是屏蔽外界后的"固陋",还可能是理性认识与情感体验相冲突后的"无奈"。因而通过这种"倾向"而产生的"判断,"可能准确、理性,也可能武断、误断。

四是关于"多样易得的信息"和"自以为对的信息"的关联

"自以为对"的信息应该主要来自于外界,生活是"自以为对的信息"之源头,从这一意义上说,生活中的种种信息可以对"自以为对"的信息进行补充拓展和更新换代,乃至完善和重构。反向看,经过更新完善的"自以为对"的信息又可以反作用于外界丰富多样的信息,在头脑中提升对林林总总的信息的甄别能力;从而能够对外界信息拨开云雾,去伪存真,扬善黜恶,区分美丑。

立意举隅

材料作文题预留了写作者与命题者对话的空间,包括三个维度:一是"证明之",即解释说明材料所描述现象中所蕴含道理的合理性;二是"证伪之",即发现材料所描述现象背后所体现的道理的偏误,逻辑的失当,并提出自己的有针对性的对策建言;三是"思辨之",即不对材料内含观点做简单判断,而对其中二元、多元概念的关系进行思辨性阐释。

1."证明之"的参考立意

当下社会,虽然信息多样、易得,但真假难辨,依据"自以为对的信息做判

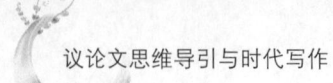

断"是无奈之举,也是必然之举。

具体分析的维度:着力分析生活中种种信息可能对人形成的干扰、迷惑、误导等危害;分析更倾向"依据自以为对的信息"作出判断的合理性;补充阐述如何规避外界信息迷雾对内心"自以为对"的信息的干扰,并建立"自以为对"的客观合理原则、尺度……

2. "证伪之"的参考立意

不应执迷于仅仅依据"自以为对的信息"进行判断,应该主动接收生活中多样的信息,并利用各种便捷渠道,获取更多丰富信息,提高自己做判断的科学性、合理性。

具体分析的维度:固守于"自以为对的信息"做判断的原因分析,如:可能有外界信息真假难辨等客观因素,但其实质原因可能是主观上的思维怠惰、内心保守、观念滞后、认知缺陷、自信过度等;可能带来坐井观天、自我封闭、思维刻板等的后果分析;提出打开耳目,勇敢"拿来"的对策分析……

3. "思辨之"的参考立意

聚焦"生活中多样易得"的信息与"自以为对"的信息的二元关系展开思考。如:

A. 从信息的整体化角度思考其与人们的判断的关系。人们要提高判断的准确性必然要通观信息全局以资参考,从中优选;固守"自以为对"的信息死角而割断其与生活中多样信息的交互流动,必定产生种种不良后果(也可以从正面写建立关联的意义价值)。

B. 建立"博观约取"以优选信息的立场,明鉴外界信息,内省自有信息,打通自己掌握的信息与外界多样信息之间的壁垒,让"自以为对的信息"与时俱进,与真相同在。

C. 摒弃对外界信息的虚无主义和对"自以为对的信息"的相对主义立场。应该知晓外界信息的真假、好坏、美丑,发现其正面价值;同时克服倾向凭借"自以为对的信息"做出判断可能造成的视野狭隘、思维刻板、行动教条,从而构建科学正确的信息处理观,发挥外界信息对自己掌握的信息的有益作用,同时发挥自己掌握的信息对外界信息的能动作用。

……

范文引路

跳出自我的"预设"
吴文轩

	思维角度	思考内容
如今是信息爆炸的时代,但是多元化的信息却未能让人们的认知更趋于多元化。有些人总能在海量的信息中"精确"地找到符合自身已有认识的信息,尽量避免与多元认知进行平等的对话。	转述材料	转述材料内容,并作简要分析。
<u>深究该现象的原因,恐怕与人们的思维惰性不无关系</u>。尼尔·波兹曼在其著作《娱乐至死》中分析人们习惯于获得能加深自己固有认识,却排斥与固有观点相对立的多元认识的原因时,用了"思维惯性"一词,其本质便是人们只愿意停留于固有的观念认识,享受其带给自我的安心感、控制感,但不愿意冒风险去接触与自身固有认识相对立的观点,从而避免自我崩塌的无力感,也即人的思维有惰性。这种思维惰性的本质,又何异于自我蒙蔽式的<u>愚昧懦弱呢</u>?	原因分析 本质分析	揭示人们不愿意接受多元信息的原因在于思维惰性。 进一步揭示思维惰性的实质。
倾向于依靠自以为对的信息做出判断,带来的<u>结果只能是不断地加深自己的刻板成见</u>,而不是不断地丰富自己的多元认识,从而以更辽阔的眼界、更宽容的心态容纳多元认识,得到更客观、中肯的认识。一旦人的固有认识存在价值上的偏差,以这种只搜寻符合自我"预设"为对的信息帮助判断,只会让人在偏执的道路上愈行愈远,更有可能造成<u>某些人罔顾真理,"坚持"其刻板信仰、认识的极端现象</u>。这无疑是对真理的不敬畏,对其价值的消解,而谁又能保证自己的固有认识是完美无瑕、无	危害分析	分析思维惰性带来加固刻板成见、罔顾真理等认识上的危害。

懈可击的呢？

　　由此可见，有意筛选符合自身固有认识的信息，将获得信息的过程等价于加固刻板认识的过程，是对真理的一种蔑视，而柴静说："缺乏对真理敬畏的民族，是没有前途的。"如此观之，岂不悲哉！ | 危害分析 | 进一步分析长远后果，上升到民族的高度。

　　因而，我们必须培养在信息浪潮中运用理性避开只寻找符合自我"预设"的信息的能力。借用鲁迅先生"拿来主义"的思想，面对多元的信息，不论其是否符合我们的"预设"，不妨先"拿来"。"拿来"的过程便是"博闻"的过程，丰富自己的多元化认识，而不是囿于自己的固有"预设"。只有勇于获取、思考与自己相异乃至相对立的观点、认识，我们才能在比较中辨析，从而获得更为客观，更接近真理的判断。在这个过程中，我们必须暂时舍弃自己的主观想象，全然以客观的角度评判多元认识中各方的优劣，给自己的思维以"碰撞"空间。唯有这样跳出自我"预设"，接受、倾听多元认识的思维方式，才是对真理最大程度上的尊重、敬畏。 | 对策分析 | 借用"拿来主义"思想提出对策。分析对策实行后的意义价值，并进一步分析如何将对策落地。

　　信息时代，愿每个人都能利用好信息的多元和丰富性，敢于跳出自己的"预设"。 | 总结论述 | 总结论述，提出希望。

点评： 文章开篇透过现象看本质，指出人们思维上的刻板特点以及认识上"避免与多元平等对话"的特点，切中题目内核，体现出审题的精准和深度。主体部分先分析原因，即人们由"思维惯性"而产生"思维惰性"；再分析现象可能产生的危害：加剧人认识上的偏执以及对真理的不敬畏。在以上两点分析维度上，作者进行了有一定深度的合理挖掘。结尾部分的对策分析有较为合理的理据，也有比较具体翔实的阐述分析。全文思路规整，思维链完整，语言表达文从字顺，有较强的思辨色彩。

闭门造车，出门合辙
沈文萱

	思维角度	思考内容
现下，我们拥有更便捷的途径以获取多样信息，然而，尚有人仍持以根据自我认可的信息来作出判断的倾向。	转述材料	简洁地转述材料。
自以为对的信息，往往仅合乎个人的价值判断，或者是既有知识的粗糙集合。在这个海量信息喷涌的时代，也许不能将百家言论照单全收；但丰富的信息源绝非简单的筛选信息、剔除异己的流水作业大行其道的借口。<u>不思考触及价值意义的人生命题</u>，转而以狗熊掰玉米的姿态将已有的浅薄认知之外的存在藏匿、抹杀并乐于以此来适应时代，<u>无异于闭门造车</u>；这样仅选择自己认为正确的信息为零件拼凑的认知，是我们这个时代深入骨髓的<u>虚无主义</u>——拒绝理解异己，而粗蛮地消解了已知命题之外的意义。	本质分析	分析人们错误对待信息做法的实质："闭门造车"与"虚无主义"。思考有深度。
因此，在闭门造车之外，我们常常束之高阁的是"出门合辙"。造车后尚需测试是否合乎外面的<u>车辙印</u>，个人的思想更无不加修正，任其野蛮生长的道理。在获取思想之外，<u>不是否决，而是宽容思考</u>；加加林建议"从别人脑袋里的思想，加以自我的思考，可以修正我的头脑的偏差"，就是<u>巧用他山之石以攻玉，从而实现意识的超越</u>。	对策分析	针对"闭门造车"提出"出门合辙"的对策建议。
"操千剑而后识器，识千曲而后晓声"。假使仅仗着自以为的"正确"作出判断，就算读遍信息潮，又懂了多少，记了多少，有多少为己所用？信息多样化的今天，<u>无知并不可怕；可怕的是无知却不自知</u>。顶着无知的压力以谦虚的仰视姿态只争朝夕地<u>填充自己的空白，通过对立概念、相左观点的碰		

撞来切削、修补和完善自己的认知，并认识到闭门造车之后需出门合辙的修正，其勇气反胜于居高临下的裁决者，也更有充盈的获取感。

　　任何的异己思想信息，都供给我们以向内审察的契机。相比之对信息取舍随意、自以为是的单方面"制裁"和流连于表面的外部反思，我更倾向于在认知中学习，在学习中认知；以他人思想为镜，许是能暴露出一己之见的偏颇。

　　"闭门造车"无妨，但不可轻忘"出门合辙"，也许不达完美之境，但凭自我观照和矫正来无限趋近至臻的过程，有如神祇推石的西西弗斯精神。鲁迅谈到人生时坦言"我们强韧地、慢慢地走去"，其过程性、进程性与且"造车"、且"合辙"如出一辙，也许这正是在信息时代，我们所应秉持的、健康的取舍观。

价值分析	通过对比分析具体阐述"出门合辙"对完善自己认知的意义。
总结观点	总结全文立场，提出"在认知中学习，在学习中认知"的观点。
深化论述	借用鲁迅思想从取舍观上深化论点。

　　点评：文章对材料的理解十分准确，抓住了"信息获取的途径便捷、获得的信息多样"与"自以为对的信息"两处关键信息，确立"闭门造车，出门合辙"的观点，形象而寓意深刻。在行文论述过程中，文章先分析"自以为对的信息"的特质及仅选择自以为正确信息为零件拼凑认知的后果，由此推出并论述也需"出门合辙"的观点，最后得出通过自我观照和矫正的过程，使"造车""合辙"如出一辙的结论，有思维的层进和思想的洞见。全文语言简洁，措辞严谨，富有学理性，体现语言表达的理性之美。

第二节　个人智慧与外界思想

　　思想还没有独立到不易受周围任何噪音所干扰的地步。并不需要大炮的声音才能妨碍人的思想，只需要一个风向标或滑轮的吱吱嘎嘎声响就可以了。如果思想此刻没能好好地推理，请不要惊奇，有只苍蝇正在人耳边嗡嗡叫，这足够让它无法进行顺利的判断了。如果你想让思想达到真理，那就赶走那只小动物吧——它阻碍理性并干扰那统治着城镇和王国的强大智慧。这是一位搞笑的上帝！

——帕斯卡尔《思想录》

所谓真正的智慧，都是曾经被人思考过千百次；但要想使它们真正成为我们自己的，一定要经过我们自己再三思维，直至它们在我个人经验中生根为止。

——歌德

创造靠智慧，处世靠常识；有常识而无智慧，谓之平庸，有智慧而无常识，谓之笨拙。智慧是一切力量中最强大的力量，是世界上唯一自觉活着的力量。

——高尔基

主题导引

智慧，是人辨析判断、发明创造的能力，它和智力、知识、经验有关，是生命所具有的基于生理和心理器官的一种高级创造思维能力，体现为更好地解决问题的能力。达·芬奇说："智慧是经验之女。"可见，智慧来源于经验。而经验分为直接经验和间接经验；由于受客观外部环境和实践范围的限制，人的智慧不可能均来自直接经验，因此，接受间接经验，学习书本知识，学习人类历史中留下来的丰富精神财富和知识是非常重要的。从这个意义上说，接受外部世界的各种知识、思想是人类智慧发展中不可缺失的基本途径。

也是从这个角度看，人的智慧具有极强的可塑性，它极易受到来自外界的各种思想的影响，这些"思想"会使身处其间的人不断积累自己的人生智慧。而这些人生智慧在一个人身上到底起到怎样的作用？一则要看其来源的"思想"具有怎样的道德、科学和审美属性；二则要看人如何吸收这些外界的"思想"以化为自己的人生智慧。赫拉克利特说："智慧只在于一件事，就是认识那善于驾驭一切的思想。"

从来源范围看，外界思想五花八门，丰富多元。就当今社会存在的各种思想而言，有的来自于传统文化观念，有的来自于主流意识形态，有的来自于当下特殊历史阶段中产生的各种思潮。青少年学生要理性审视这些思想对于自身智慧成长的作用，尤其要理性对待当下社会中的各种思潮。我想，关键点在于我们要培养健全的人格、正确的三观，立足于国家民族发展的"大我"情怀、责任和使命，运用真善美的准则，练就"雾里看花，水中望月"的本领，辨别社会存在中的各种思想，批判地吸收，合理地转化为自己的人生智慧。

从更高层面的要求而言，追求智慧的人类，并不只是外界思想的批判继承者，还应该充当对人类智慧起到激浊扬清，勇于改造、革新、重塑的能动作用的建设者。这也是当代青年的责任。

作文题

有人说，要想让蜡烛散射出平稳明亮的光来，必须把它放到避风的地方；同样，要想让人的灵魂散发出智慧的光芒，也要避免那些五花八门的思想的干扰。

对此你有怎样的思考？请写一篇文章，谈谈你的想法。要求：（1）自拟题目；（2）不少于800字。

文题解析

一、论题聚焦

从作文题的类型看，这是一则带有比喻或者说是类比性质的观点型材料作文题，材料讨论的是人的智慧形成过程中如何面对外界"五花八门"的思想的话题。这一话题关照到人的思想智慧何以形成的原发性问题，也指涉当下这个思想开放自由的时代如何构建自我智慧和思想的时代命题。题目出得大气，又切合高中青年学生思想走向成熟、思维方法追求合理的发展需求。

从上海高考作文命题的基本导向而言，允许学生围绕话题进行合乎逻辑理性地深入思考，是多年来所坚持的稳定风格。也就是说，命题人不是让学生的思考停留在"请你证明我的观点"的狭隘层次上,而是上升到"请你和我一起讨论"的平等开放的思想交流之上。当然,要和出题人、阅卷老师和其他假定(其实客观存在)读者进行交流讨论,就必然要聚焦材料所给出的问题(话题)以作为对话交流的基础,否则便"公说公有理婆说婆有理",而非"见仁见智"。

这则材料的核心内容在后半部分。我们先分析后半部分两句话之间的关系,"想要……也要……",其中"也"字照应上半部分的类比(当然这一类比的合理性也可以质疑)。我们先看观点本身的内在逻辑。通过"要想"一词,可见"让人的灵魂散发出智慧的光芒"是目的或预期的结果;通过"要"一词,可见"避免那些五花八门的思想的干扰"是达成目标的必经途径或必要条件。因此这句话可以转换成:"只有避免五花八门的思想的干扰,人的灵魂才能散发出智慧的光芒。"据此,我们得出此材料应该聚焦的讨论话题:你是否认同"只有避免五花八门的思想的干扰,才能让人的灵魂散发出智慧的光芒"的观点。

二、题目分析

"五花八门的思想是否对人的智慧造成干扰"? 要对此做出判断,前提是对"五花八门的思想"这一概念的内涵和外延有自己的界定和认识。此外,蜡烛发光需要避风,以此类比人的智慧散发光芒需要避免五花八门的思想的干扰,这一类比是否合理? 这是审题时应该考虑的另一个问题。

1. 核心概念分析

所谓"五花八门"是形容事物花样繁多或变化多端,这是一个偏中性的词语,本身不包含正误是非的指向。思想上的"五花八门"是指各种思想、观念同时存在或先后出现,表现出思想的多样性、多元性;其中有公允正确的思想,也有错误偏失的思想;有具备普适性价值的思想,也有只存在相对性、针对性的思想;有亘古恒立的真理,也有被时代局限的思潮……这些"思想"可能来自于外界,也可能来自于自身不同的人生阶段;可能来自于传统,也可能来自于当下;可能来自于异域,也可能来自于本土(如下图)。这些思想是否构成对人的灵魂和智慧的干扰? 那便要具体问题具体分析,不能只作简单判断。写作时可以就这些思想的复杂多样的特点,分析其对人的思想观念的正负作用,也可针对某类思想分析其危害或价值,从而进行一场关于个体内在的思想灵魂与外界的思想观念之间相互关联的理性思辨。

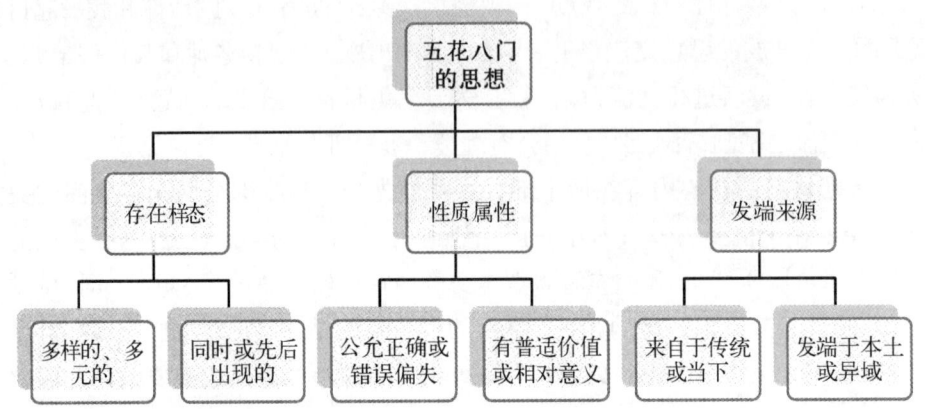

2. 类比的合理性分析

蜡烛要发出"平稳明亮的光"就需要避风，和人的灵魂要"散发智慧的光芒"就要避免五花八门的思想的干扰，这两者之间存在着多大的对应关联？我们说避风的环境有利于蜡烛稳定发光，人的灵魂思想要保持稳定也需要减少干扰，这样的推论有一定合理性。但人的灵魂思想如若固守于一个免受其他思想观念"干扰"的单纯环境，可能会让这样的思想缺乏活力，无法更新，因而固守原地，刻板守旧。这样，哪怕正确的思想也会变得僵化教条，无法适应客观世界的发展变化，无法与时俱进，进而走向僵死衰亡。这是人类思想进步发展中最为可悲的局面。人类伟大灵魂和思想的产生，从来都是在各种思想共存的前提下，与之相互辩驳、相互争鸣的过程中而激浊扬清，不断修正发展的结果。或将谬误的思想打入历史的冷宫，将合乎事物规律的真知灼见彰显于世；或将蕴含未来洞见的真理不断发展更新，将荒谬无理的想法淘汰出历史的舞台。就个人而言，在大多数时候，个体灵魂、思想的光芒总是闪耀在其他思想暗淡无光的黑夜之中的。

当然，也有另外一种可喜的局面，即不同立场条件下的不同思想分别具有其内在的合理性，如春秋战国时的各家学说、文学艺术中的各种流派等。这些思想在彼此交锋中，各自凸显个性价值，各自表现其相对真理的一面；它们如同天上的恒星，各有自我独特之光，彼此共存，形成共同照亮人类思想天空的满天繁星。所谓"百家争鸣，百花齐放"就是这个道理。

立意举隅

材料本身留足了给学生们充分思辨的空间。学生可以证明观点的合理性，即"证明之"；也可以质疑观点，即"证伪之"；还可以就观点的合理性和存在的漏洞进行深入思考，即"思辨之"。这也是我一贯主张的材料作文审题立意的三个基本向度。

"证明之"的立意：即认为"五花八门的思想"构成对人的灵魂散发思想光芒的"干扰"。那便应思考高尚的灵魂、伟大的思想要怎样克服各种异质观念、思潮的不良影响，并在与这些思想观念的斗争中，保持自身正确思想的纯洁，保持对伟大可敬之初心、崇高正确之理想信念的坚守，做到"同流"而不"合污"，出淤泥而不染。

"证伪之"的立意：即驳斥材料观点，主张"人的灵魂散发出智慧的光芒"无须"避免那些五花八门的思想的干扰"。那就要论证"五花八门的思想"对人的灵魂思想的发光具有正面的价值，具有可供借鉴参考的意义；那便应思考这些思想对人固有思想的发展价值、更新意义等。

"思辨之"的立意：即认识到外界"五花八门的思想"具有利害并存、泥沙俱下的复杂特点。如若人的思想要寻求变通发展，与时俱进，就应该走出固守自我，与外部世界隔绝的封闭性环境，去走近接触外界复杂的思想，并进行鉴别筛选，发掘其对自身思想发展可能具有的对照反思的价值、去伪存真的意义和补充调整的作用。从这个角度说，外界"五花八门"的思想是一种干扰，也是一面镜子，甚至可能是一种警示和推动。

最后，回到立意层面应该注意的几个问题。

一是"概念泛化"的问题。有同学可能会将"五花八门的思想的干扰"理解成"外部环境"，显然，外界的思想、思潮等只是"环境"的一个层面，它和"环境"的关系是子集和全集的关系，这便犯了概念扩大、泛化的错误。当然，如若要把"五花八门的思想的干扰"看成"不利的环境"，则稍微靠近了一点材料应有之意，但必须在行文中始终将"不利的环境"扣合到"五花八门的思想的干扰"这一具体内涵之内。

二是"一叶障目"的问题。如揪住"避风""避免"展开,谈我们要避免在"温室"中成长,要走向广阔复杂的社会,在鱼龙混杂的复杂社会和曲折多变的人生中学会坚守自我,这就比较明显地偏离材料限定的话题了。可能还会出现揪住"蜡烛"和"人"的区别来展开立意,以此证明蜡烛要避风,人不要"避风",这是抓错了论述的核心话题。等等。

三是"各打五十大板"的问题。也就是先写外界"五花八门的思想"对人的思想的干扰,析其危害,论述"避免干扰"的价值;再写"五花八门的思想"对自身也是有益的,论述其对灵魂散发智慧光芒的价值。这样写看似辩证,实则没有立场,是庸俗的辩证,这是议论文立意之大忌。

四是缺乏"防御意识"的问题。也就是通篇从论述"五花八门的思想的干扰"来写,丝毫看不到或部分承认外界思想对自身灵魂智慧之光的正面意义;或是通篇为"五花八门的思想"唱赞歌,而没有辩证认识其潜在的负面影响。这些立意都犯了说理过于绝对的毛病,是认识论上的大忌。

范文引路

思想交融,智慧发光 (一考生)	思维角度	思考内容
蜡烛需置于避风之地才可发出平稳明亮的光,是因为风对其只有害而无利。<u>灵魂的光芒则不同,五花八门的思想或可能产生干扰,但亦可能成就思想交融,让智慧散发独特光彩。</u>	引出论题	指出外界思想对人的智慧有双重作用。
首先,由于人与人之间家庭背景、个人经历、社会地位等不同,造就了个体的思想、思维方式存在差异,这种差异区分了人与人的不同,也孕育了这个社会思想的多元。<u>倘若我们盲目切断与不同思想交流的路径,那么其固有的思维模式被不断加固,其认知的局限性不断增强。</u>困于自我编织的舒适圈中,免于面对思想遭打扰时所带来的不甘,却也成为用精	危害分析	分析切断思想交流对自身思维和认识所产生的危害。

160

神胜利法博得自尊自安的无知者、怯懦者。

  其次，人们认为五花八门的思想对自身智慧产生干扰时，其已然陷入了人性中对异己进行排斥的丑恶漩涡。人出于对自身的自尊的维护往往会下意识地对不同的意见说不。甚至，由思想单一而受益的知识垄断者，为了维护自身的权威和利益，对多元的思想进行迫害。正如"无知山谷"中的守旧老人，而更可怕的是，当人将固有认知尊奉为真理时，便会沦落为现有思想、制度的狂热拥趸，变得极度偏执且自私，像杀死探索者的村民那般无知麻木而残忍暴虐。| 本质分析 | 从人性角度揭示视外界思想为干扰的实质。

  在互联网时代，意见发表变得空前自由的同时，对于不同声音的贬抑似乎也变得极度猖狂。人们匆匆滑过不同的声音，不去思考别的观点是基于怎样的事实，可有些许合理？更有甚者敲打出最恶毒的言语，肆无忌惮地攻击着所谓异己者。似乎人性中对固有思想的维护，对多元思想的不宽容被推到空前高度。

  古人有"时间永恒，人生短暂"的感慨，却是在不断地与世界对话，与不同的人生观对话后与自我对话，交上了不同的生命答卷。俗世烟火气，纷繁的学说并非全是"穿林打叶声"。正是在一次次的思想交融中，人原本的思想得以补正，智慧散发出独特的光彩。

  对于社会而言，推动其变革的理性思潮，经济、文化、教育等的革新与进步，往往是由那些少数的乃至微弱的声音推动的。若众人皆将这些视作干扰而去避免它，岂不成了社会发展的绊脚石？

  "运海抟扶，必借垂天之羽；乘流击汰，必伫飞云之楫"。智慧光芒的迸发需借多元思想的交融。

批注	说明
本质分析	从人性角度揭示视外界思想为干扰的实质。
危害分析	从他人和自身两个角度具体分析危害。
联系现实	概述当下对多元思想不宽容的现状。
价值分析	与古代对比，阐述思想交融对人智慧发光的价值。
价值分析	进一步阐述思想交融对推动社会变革的价值。
总结观点	

点评：作者从材料中观点的对立面立意，指出切断与外界思想交流可能产生的弊害，提出让思想相互交流才能让智慧散发光彩的观点。可贵之处在于作者能够联系互联网时代对不同声音极度贬抑的状况，对比古人与不同思想对话以补正人的思想的现象，从而突出思想交融的意义和价值。这样的思考不仅很思辨，还体现了足够的宽度和深度。全文立场清晰，重点突出，论述到位。

莫放修芦碍月生
（一考生）

	思维角度	思考内容
蜡烛想要散射出平稳而明亮的光则需要避风；人的灵魂想要散发出智慧的光芒，则要避免五花八门的思想干扰。	引述材料	
大千世界中，事物繁多，但正如蜡烛发出平稳的光亮一样，个人的灵魂若想得到智慧，当然也应避开旁边五花八门的思想干扰。而坚守自我的本心，方能迸射出最明亮的灵魂之光。	提出观点	分析材料，引出"坚守本心方能迸发灵魂之光"的观点。
"出淤泥而不染，濯清涟而不妖"，周敦颐眼中的莲花，也许正是一位坚守自我本心的君子，处于纷繁之世，五花八门的思想千百尔尔，却仍能"香远益清，亭亭净植"。莲的灵魂正是我们学习的榜样，不迁就左右，不被五花八门思想所侵扰，仅是静静地遗世而独立，便有一种深沉而又智慧的仙风道骨。人的灵魂又何尝不应如此？现代化社会中物欲主义的泛滥催生了思想的异化，而思想的异化便又不断地同化着人的思想，使其单一而混乱；远古的智慧倒像是涸辙之鲋，怎能再迸发出熠熠光辉？所以我们不要再被五花八门的思想所打扰，静守本心，安于己道，才是在岁月中沉淀智慧，厚积薄发的最好选择。	价值分析	以莲类比并联系当下，指出人灵魂应该排除外界思想干扰才能沉淀智慧。

一个人如同一坛老酒，唯有酿着，积淀着，才有

最清冽的醇香。那一坛老酒便自成一个世界，安静地沉淀着岁月的留痕、人生的智慧。但若是打开，那"五花八门"的思想便趁隙而入。当然打搅了这坛老酒的清梦，那飘香也自然烟消云散了。"静者心多妙，飘然思不群"。静静的体悟世界的悲欢离合，而避开五花八门的思想，用坚守换来"一花一世界"的深沉智慧，用灵魂承载智慧的光芒。| 价值分析 | 以酒类比，进一步分析避开外界思想干扰对智慧发光的作用。

诚然，人的灵魂想要迸发智慧之光，应避免五花八门的思想干扰，但也不完全是这样。若是一味地固守己见，岂不是墨守成规，思想僵化。人的智慧绝非与生俱来，而是与后天的思想学习密不可分，如果只是不断学习、什么都学，岂不成了"臭油坏酱悉贮其中"。其龃龉怎奈得？所以我们要"运用脑髓，放出眼光，自己来拿"。只有坚守自我的本心，不断地充实和丰富适合自己的、且又是自己需要的思想，才能成为博学多才的智慧之人。| 辩证分析 / 对策分析 | 通过两个假设，分析拒绝外界思想和全然接纳外界思想的危害。然后在此基础上提出"拿来主义"的对策、主张。

"已凭暂雨添秋色，莫放修芦碍月生"。蜡烛想要平稳地发光，则需避风。人的灵魂若要迸发智慧之光，那应静守本心。莫要让修芦般五花八门的思想打搅了明月的灵魂之梦吧。| 总结论述 | 总结全文论述，照应题目。

点评： 文章从赞同材料观点的角度得出"坚守本心方能迸发灵魂之光"的观点。运用"莲出淤泥而不染""酒封存沉淀才醇香"作类比，以此论证观点，起到了深入浅出的论证效果。更为可贵的是作者于文末进一步思辨"避开五花八门思想"不等于"固守己见""墨守成规"，并在此基础上运用拿来主义的思想提出对策，这让说理更加辨证，对策更有理据，从而增强了观点的说服力。本文标题形象中蕴含理趣，也是一个亮点。

第四章 时代使命

第一节 网红医生的世俗魅力

> 至于科学家,应该更努力地加入目前的公共议题讨论。不论是医学还是历史学,只要相关讨论牵涉自己的专业领域,科学家就不该害怕发声。沉默不代表中立,只代表支持现状。当然,继续进行学术研究,把结果发表在只有少数专家阅读的科学期刊上,这件事仍然十分重要。然而,同样该受到重视的是通过科普书籍,甚至运用艺术和小说,向大众传播最新的科学理论。
>
> ——[以色列]尤瓦尔·赫拉利《今日简史》
>
> 科学家是一切自然科学知识的源头,是科普的主力,永远无法被替代。站在人类和社会发展的角度,科学家有义务和责任把自己从事的研究以公众能够接受的方式展示出来,使得公众理解科学、学习科学,进而推动人类社会进步。我国著名科普作家高士其曾说过:"科学普及是科学工作者的重要任务之一。"只有把科学研究和科学普及相互结合才是一个完整的科学工作者。
>
> ——武向平(中国科学院院士)

主题导引

在抗击新型冠状病毒的斗争中出现了一位网红医生张文宏,他是上海华山医院感染科主任、上海新冠肺炎救治专家组组长,他被人们称为"定海神针""硬核医生"。自2020年4月以来,张文宏在"今日头条"的个人账号粉丝暴增至262万之多,成为名副其实的"网红医生"。

面对这一现象,我们可以思考这么几个话题。

一是参加抗疫工作的医生千千万,顶级专家也不在少数,为什么人们记住了张文宏?为什么"红"了张文宏?这和他比其他医生、专家多做了一件事有关——他把工作的对象不局限在病毒和病人上,还扩大到普通民众身上。比如:他经常通过媒体传播抗疫常识,安抚民众恐慌心理;他参加面对全上海学生的德育公开直播课,向学生科普卫生知识;他开设个人头条号,保持与网民的良性互动;等等。此外,他常常"语出惊人",如"一线岗位全换上党员,没有讨价还价"等,网上流传着"张文宏金句",被人们称为"爱讲实话的硬核张文宏"。以上这些,可能是别的医学专家所不具备的。

二是包括医学专家在内的科学家的人生价值是否只体现在自己的实验室里、手术台上?是否还应肩负起科学普及的职责?从这次新冠疫情引起的民众恐慌来看,我们应该看到在科学常识和普通民众之间还存在着知识、信息的巨大鸿沟。如何把包括医学知识在内的科学常识,用民众能够接受的方式传播出去,以提高整个民族的科学素养,这是科学家义不容辞的责任。

三是关于"网红"现象的再认识。我们一般的看法是,网红只为娱乐消遣,似乎"不务正业",他们只具有吸引人眼球的世俗魅力。其实,一些长红不衰的网红也有着行业精英的专业特长。因此要成为能够为社会提供更多"正能量"的网红,就亟须提高自身的"专业"能力。而有着专业特长的行业精英,也不该忌讳"网红"之俗名;走向网络,"科普"民众,"脑补"大众,也不失为当下这个时代一个有意义的人生选择。这些不仅关涉网络世界的价值导向问题,还关涉到为偶像符号正名和重塑的严肃命题。

作文题

2020年新冠肺炎疫情暴发，大众面对从未经历过的未知病毒陷入恐慌之中，具有专业知识，且具有某种李佳琦式世俗魅力的华山医院感染科主任张文宏一夜之间成为"网红"医生，成为许多人特别是上海市民心中的"定海神针"。

以上现象引发了你怎样的思考，请写一篇文章，题目自拟，不少于800字。

（注：李佳琦，口红一哥，"30秒涂口红最多人数"吉尼斯世界纪录保持者，2018年"双十一"与马云pk卖口红，最终战胜马云。截至2019年6月，李佳琦全网粉丝已近5 000万。）

文题解析

一、抓住现象的"描述"而非现象的"抽象"

这是一则现象类材料作文题。现象类材料作文的审题有别于观点型材料作文题，对现象类作文题的审题，关键是抓住现象描述的具体内容而非现象的"抽象"提炼，这样才能避免偏离题意。

同学们常常抓住现象描述的话题进行"抽象"提炼和衍生，以此展开写作，这是比较典型的审题偏误。例如：有同学抓住张文宏成为网红这个话题，分析他之所以成为网红是因为借助了网络平台，因而谈网络平台对人成功成名的作用；有同学抓住新冠疫情中以张文宏为代表的广大医务工作者英勇奋战的行为，而大谈医者仁心，医者使命；有同学根据疫情面前张文宏式英雄的敢作敢为，而大谈英雄人物应该被歌颂珍惜；还有同学抓住灾难中民众恐慌现象，大谈民众如何克服恐慌心理，如要保持理性，相信科学，等等。这些偏题作文的出现，根源在于这些同学只对材料现象进行简单的"抽象"提炼，而没有全面细致分析材料所提供的所有语料，从而形成对材料各语料之间的整体性、关联性认识。

也就是说，审题时候要学会抓住出题人对现象的具体描述。题目中所给的任何一个语言表述都需要关注，都将对作文的立意起作用。如果作文的立意和材料中某句话或某些语言表述没有产生关联,其实都存在某种程度上的偏题或扣题不紧。

二、抓住关键信息,厘清逻辑关系

如何对现象类作文题进行有效审题,基本策略是我们要找到材料各句中的关键信息,然后厘清这些信息之间的逻辑关联。

从这则材料的三句话中,我们可以找到这么几个关键信息:疫情暴发、民众恐慌、专业知识、世俗魅力、张文宏成为"网红"和"定海神针"。

这些信息之间存在某种近似于"因果"的关联。我们把张文宏成为"网红""定海神针"视为"果",那依据语料,我们可以找到"因":

一是新冠疫情暴发让民众陷入恐慌,这是从时代背景角度呈现的客观原因。

二是张文宏既有专业知识,又有世俗魅力,这是他成为"网红"和"定海神针"的内在的主观原因。

三是张文宏不仅有专业知识,还有"世俗魅力",而其他医生有专业知识但未必具备"世俗魅力",这是张文宏成为"网红"而别的医生没有成为"网红"的个别原因。

这几点中,我们尤其要注意第三点,也就是张文宏医生成为"网红"的关键原因在于他具有其他医务工作者、医学专家所不具备的"世俗魅力"。

依据以上分析,张文宏成为网红这一现象是一果多因,分主-客观原因,也分主-次原因。根据对结果产生作用的远近,可将众因作如下排列:

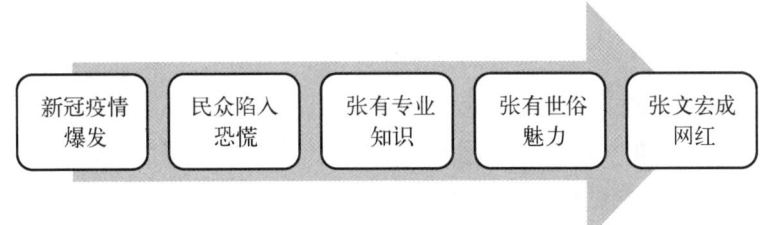

三、理解核心概念内涵

理解"世俗魅力"就成为审题的关键步骤。什么叫"世俗魅力"?或者说"世俗魅力"有什么样的内涵?

我们可以从媒体中了解到的张文宏言行,来推知这一概念在他身上体现的丰富内涵。比如张文宏经常出现在各种媒体面前,主动通过各种媒体平台传播知识和正能量,也就是他乐于和媒体打交道,架起了医学防控与普通民众之间的桥梁,这是其一。作为上海医疗专家组组长,张文宏说过"党员必须先上,这个没有商量"等话语,可见他在民众面前说话接地气,敢于担当,敢于表达,这是其二。疫情期间,人们常常引用"张文宏说"来应对抗疫中的一些医学问题,可见他能够把医学知识转化成百姓能够听懂的语言,有时在表达中还带着幽默,也就是他很善于表达以更好地传播医学知识,体现医者担当,这是其三。

总之,张文宏身上的"世俗魅力"体现在他敢说,能说,民众喜欢听,能听懂;他的言行迎合了因疫情而造成心理恐慌的民众所需要的心理疏导、科学知识、责任担当和世俗人情常理。

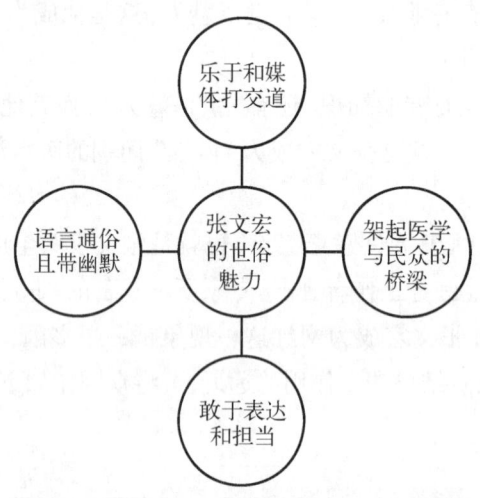

四、提炼写作论题

据此,我们可以聚焦写作的话题:面对疫情带来的民众恐慌(客观背景、原因),张文宏不仅依靠专业知识(主观原因一、次要原因),更凭借世俗魅力(主观原因二、主要原因),赢得"网红""定海神针"的美誉(结果)。

写作时应该扣住这三个原因和一个结果,只抓住其一点则是没有还原到出题人的本意,便犯了一叶障目的错误。当然可以有所侧重于其中一点或两点,但不能"只见树木不见森林",只抓一点而不及其余。

立意举隅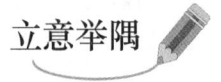

材料作文题通常给写作立意提供一个半闭合的空间。

首先是"闭合性"。

也就是必须围绕材料聚焦的话题写,通常的做法是证明材料暗含的观点,即"证明之";也可以反对材料中的立场观点,即"证伪之"。面对这个积极正面的事件,我们可以从中挖掘道理,因事说理,从张文宏"现象"中抽绎事理,然后由点带面,分析"张文宏们"这一类现象的普遍性规律。例如:

从"结果"角度思考:张文宏成为网红,启示着"张文宏们"(知识分子、科学家、各领域的塔尖人物)既要潜心于专业研究,永攀科学高峰,也要从实验室、手术台、书案中走出来,走进大众视野,倾听民众心声,成为传播正能量和普及科学知识的桥梁,以实现更加多元的人生价值。

从"主要原因"角度思考:张文宏主要因为"世俗魅力"而走红,这启示着精英知识分子、塔尖人物,要放下群体的"优越感",学会和普通民众打交道,在科学普及、知识传播等方面启发民智,以培养百姓的科学文化素养,以弥合"曲高和寡"与"世俗民情"之间的裂痕。

其次是"半闭合性"。

主要指材料预留了可供思考讨论的空间和余地,可以有所补充、有所延展、有所思辨,即立意时不仅可以"证明之",还可以"思辨之"。需要说明的是,"思辨之"必须以还原材料的意思为前提,然后在此基础上就某一点进行拓展思辨。例如:

从疫情中民众恐慌入手:因为民众恐慌,时代呼唤着应民之需的人物出现,"时势造英雄",产生了兼具专业和世俗能力的"定海神针""网红"张文宏。毫无疑问,张文宏和"张文宏们"值得称赞;但是,在大灾面前不需借助外力而能够镇定自若、保持理性的民众更值得期待。由此,我们可以深入思考:普罗大众与其坐等精英人物"传道",还不如主动冲破世俗蒙昧的牢笼,去接近科学、走近真理,实现知识层面与内心层面的全面"自救"。

从世俗魅力角度入手:普通民众浸染于世俗民情、民风,常常会走向庸俗、庸常的可怕生存怪圈，因此，精英人物要主动走近普罗大众，具备世俗魅力，学会和大众打交道。但走向世俗又切不可走向庸俗，被俗世染缸沾染得丢失了本心和本色。

从知识分子的专业性和世俗性入手：知识分子更本质的属性是专业性，要求其兼具世俗性可能是一种苛责。我们欢迎知识分子主动走下"神坛"，贴近民众的心声，填补社会的知识信息鸿沟。但是，那些远离我们日常生活，全副身心扑在科学探索前沿，以致舍身忘我、忘"俗"的时代精英们，同样可敬可爱。所以，走向媒体的网红医生张文宏是可敬可爱的，那些没有走进媒体视野而奋战在与病毒搏斗前线的广大医务工作者，也同样值得人们投以敬意的目光。社会需要应答民声的人，也需要"埋头苦干的人"。知识分子的智慧和人生价值，既体现在应答民众之需的世俗价值上，也体现在心无旁骛地迈向学术高地的路上。

范文引路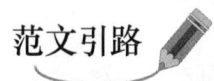

"走近来"方能"走进来" 沈天云	思维角度	思考内容
专家通常是权威的代表，"高高在上"地发表自己专业的看法，<u>这样的"居高临下"通常给人以隔阂感</u>，因而普通民众很少有人和专家"心心相印"。	提出话题	根据材料指出专家与民众的隔阂矛盾。
而当2020年新冠疫情暴发，一位专家医生却成为面对未知病毒而恐慌的人们心中的"定海神针"。	引出材料	
<u>由疫情引起的恐慌源自于人们对未知事物的恐惧</u>。疫情时期谣言四起多半是源自"熟人圈子"，相较于完全陌生的疾病，人们更轻信身边熟人转发的帖子而忽视了科学严谨的专家帖。<u>更有帖子冒充专家散播并无科学根据的信息，使"谣言"以权威的命意迷惑着普通大众。</u>	原因分析	从民众对未知事物的恐惧和网络谣言两个角度分析民众恐慌之因。
张文宏医生的出现清除了传统专家与社会大众间的隔阂感，更用他的专业知识传播了正确科学		

的防疫途径。张文宏医生的世俗魅力体现于他的发言"接地气"，易为人接受；他的科学方法简单、明了、直观，更易懂；更重要的是他对于疫情实事求是，顺应民心，将心比心，回答了老百姓的疑惑，用符合世俗世情的话将他所要传播的科学防疫方法送进了每个恐慌中的人们心里。	本质分析	具体分析张文宏世俗魅力的诸多内涵,从而揭示其走红原因。
倘若张文宏医生没有"走近"老百姓身边——体察人们心中所想，感受人们心中所惧，又何以能将自己的发言呈现得如此真实，能让信心和勇气走进人们心里，让科学走进人心。	反面假设	从反面进一步揭示张文宏走红之因。
由此我们可以看出，专业知识和科学道理必不可少，然而在推动和促进事物发展的同时，更需要"走近来"，站在普通民众的角度来思考解决问题，如此才能"走进"人们心里，为人们自发尊崇。这才是真正地拥有"世俗魅力"。	总结观点	综合前文论述,提炼全文观点。
反思当今社会，或有位高者居高临下，"不知人间疾苦"；或有居其位而不司其职，只会空喊口号而不办实事……疫情期间，"一问三不知"的唐主任，"不许探访"的红十字仓库等等，将社会大众的心揪成一团，而"党员全部上"的张文宏医生似一股清流，注入大众苦灼焦虑的心间。他以身作则推倒人们和疫情疾病之间的隔层，更给焦虑恐慌中的人们以精神的力量。	对比分析	联系现实,正反对比,突出张文宏所为之意义。
以张文宏医生比较李佳琦般的网红，虽同样拥有世俗魅力，但张文宏的世俗魅力与之不同，它来源于他对世俗大众由心而发的尊重和爱护。疫情期间，我们看到太多这样的人，他们身上闪耀着人性的光辉，虽然和我们一样，他们也是肉体凡胎，但他们心中怀有奉献的热血和心中有他人的大爱。	对比分析	将张文宏与李佳琦对比,突出张文宏们的大爱和人性光辉。

如此发自内心地尊重他人，将心比心设身处地　　总结全文
地为他人着想，这样的真诚使他们走近我们身边，
闪耀着"世俗魅力"，走进到我们的心里。

点评： 文章揭示了张文宏成为网红的根本原因，即"走近"民众需要，才能让科学走进民众内心，拥有真正的"世俗魅力"。作者得出此观点有一个合理的推导过程：先从民众恐慌的原因分析入手，然后分析张文宏能够消除民众恐慌的原因。文章后半部分主要运用正反对比的思维方法，突出张文宏"世俗魅力"的独特价值。全文文从字顺，思维过程清晰，立意有一定思辨性。

偶像符号的重塑
陈盈吉

	思维角度	思考内容

起初，这场疫情不过是遥远的哭声，湮没于转瞬即逝的信息流之中，直至其愈演愈烈。这哭声与每一个人息息相关，使大众陷入恐慌焦虑的情绪之中。此时，亟须积极的正能量引导人们纾解内心的不安。张文宏医生就此进入了人们的视野。　　描述现象　　根据材料，具体描述张文宏成网红的过程。

在灾难来临之前，车水马龙的世界充斥着娱乐至上的氛围。具有正面意义、符合社会价值导向的偶像符号早已在快节奏的社会洪流中为流量明星取代。喧嚣尘世间，舞台上光鲜亮丽的人往往比冰冷实验室中的工作者更具魅力。这是现代社会泛娱乐化的必然趋势。　　原因分析　　从社会泛娱乐化风气角度分析偶像异化之因。

虽然，流量明星在平淡日常中可为追星者奉上激情，但是当灾难来临时，却因缺乏专业知识而难以给人以可靠的精神寄托，在不安感化为厚重乌云笼罩在全民心头之时，专业人士的稳重才是民众心中的"定海神针"。无论是钟南山院士的奔赴前线，还是网红医生张文宏的"插科打诨"，前者以安定，　　原因分析　　对比流量明星，分析专业人士在灾难中成为"明星"的原因。

后者以轻松,都是举国上下的心安之所在。

  此外,在这个全民皆可发声的<u>自媒体时代</u>,太多太多的流言尘嚣而上,加剧了<u>网民心间的茫然无措</u>。小道消息接踵而至,拘于室内的人们只能被动承受;无良商家大发国难财,困厄者又如何自处? | 原因分析 | 从自媒体时代民众角度分析张文宏成网红的社会背景。

  <u>张文宏医生的横空出世,有其偶然性,但也有其必然性</u>。他既具备能使时人信服的专业素养,<u>可定人心</u>;又拥有时人追捧的李佳琦式世俗魅力,<u>可安人心</u>。同时具有这两大过人处,张为逐渐异化的偶像符号画上了温暖一笔,给人重温正向的符号。 | 价值分析 | 从必然性角度分析张文宏成网红的意义。

  国泰民安时,偶像是隔着屏幕、隔着舞台的明星,为平庸琐碎日常注入新鲜活力;<u>灾难降临时,偶像是曾经幕后的工作人员,是每一个阳光般传播正能量,给人真实可感的精神、物质双重慰藉的"幕后人"</u>。他们平时可能默默无闻,但当国家有难、人民危亡之时,他们可以穿上制服,成为逆行者、坚守者。<u>每一个灾情期间为国效力的劳动者,无论样貌、身份、职位,都在这一年成为全民族的英雄,一同铸就了新的偶像符号</u>。 | 本质分析 | 用礼赞的笔调揭示张文宏们成为偶像的厚重内涵。

  不必是明星,不必是爱豆,<u>每一个人都可以成为他人的偶像</u>。没有一个人是一座孤岛,当<u>我们携起手来、众志成城,必能跨越一切险阻,成为自己的偶像,成为时代的群像</u>。 | 对策分析 | 呼吁人们携手前行,做时代偶像。

  偶像是风,吹散心头的乌云;偶像是光,指引我们不断前行。<u>人人皆可为偶像,只需我们依据正向价值观进行正确选择</u>。偶像符号的重塑打破了世人对其日趋狭隘的解释,也打破了固有的思维范式。只愿我们以偶像为目标,成就自我,达到理想的彼岸。 | 总结观点 | 总结重塑偶像概念的看法,收束全文。

点评： 本文透过张文宏成"网红"的现象，深入讨论偶像形象重塑的话题，思考有深度，让立意有了亮点。文章重点写原因分析，分别从时代背景和张文宏自身两个维度展开，以此揭示其成网红的偶然性和必然性，思考十分全面缜密。文章后半部分借事说理，引发了对偶像符号的思辨，并指出人人皆可为偶像，文章立意顿然有了境界。

第二节　于娱乐时代专注做事

> 如果一个民族分心于繁杂琐事，如果文化生活被重新定义为娱乐的周而复始，如果严肃的公众对话变成幼稚的婴儿语言，总而言之，如果人民蜕化为被动的受众，而一切公共事务形同杂耍，那么这个民族就会发现自己危在旦夕，文化灭亡的命运就在劫难逃。
>
> ——[美]尼尔·波兹曼《娱乐至死》
>
> 我们从古以来，就有埋头苦干的人，有拼命硬干的人，有为民请命的人，有舍身求法的人……虽是等于为帝王将相作家谱的所谓"正史"，也往往掩不住他们的光耀，这就是中国的脊梁。
>
> ——鲁迅《中国人失掉自信力了吗》

主题导引

一百年前，苏联文学批评家巴赫金在《陀思妥耶夫斯基诗学诸问题》中有一个著名的判断——"这是一个众声喧哗的时代"；一百年后的今天，"众声喧哗"已经全面渗透到社会生活的每个角落。任何年龄、领域、层次的人要做任何一件事，做任何一个决定，无不受到外界各种声音的影响，而这些声音往往相互矛盾又理由充足，这让人们陷入纠结，但最终大多选择了在这个时代的大多数人看来是"聪明"的做法。

如果我们给这些"聪明的做法"稍作归类，大概有这么几个类型：一是就轻避重，二是求速嫌慢，三是务实忌虚。那些轻松的、速成的，又实惠的事，人们常常趋之若鹜，而那些费力不讨巧的事，那些看不到短期成效的事，那些需要慢工才能出细活的事，许多人不仅不愿做，有时还唯恐避之不及。人活得现实一点，或许不该苛责，因为人的生命脆弱如芦苇，卑微似蝼蚁，紧紧抓住有生之年"享受人生"，或许有一定的合理性。

　　可是，翻看这个时代的宏大叙事，我们看到冒死战斗在抗疫前线的医务工作者护卫了一国之安康，隐姓埋名的科学家让一个民族挺起了胸膛，安处在经济大潮之外的文化工作者让许多古老的文化得以传承和延续……明代学者张载说：为天地立心，为生民立命，为往圣继绝学，为万世开太平！其实，承载厚重价值的事，不仅是知识分子的事，也是每个普通百姓的事，因为，我们每个人的肩上一头挑着"小我"，一头挑着"大我"。

　　是什么让当下一些人看不到这人生的双重意义，而让其两头失衡？原因还得从时代中去找。社会始终存在一些现象，例如"娱乐化倾向""游戏人生""佛系人生""精致的利己主义"等等，这些时代病的存在正在消解、蚕食着人们大脑中那些本有的对高尚性价值的追求。尼尔·波兹曼在《娱乐至死》一书中说，人类心甘情愿成为娱乐的附庸，最终成为娱乐至死的物种，正所谓"我们将毁于我们所热爱的东西"！

　　当然，我们从不怀疑人类自救的能力，但忧患意识万万不可丢，这就是我们思考这个主题的根本意义。

作文题

　　这个时代，我们似乎很难投入地、专注地去做一件事情。我们的大脑已经习惯了轻而易举获得大量愉悦感，久而久之，需要付出更多的、富有沉重感的事自然也就没有人愿意去做。

　　对此你有怎样的认识？请写一篇文章，谈谈你的思考。要求：（1）题目自拟；（2）不少于800字。

文题解析

一、话题聚焦

材料概述了当今社会的一种较为普遍的现象，是对各类人在生活或工作领域中种种行为表现的"具象"进行综合归纳，而提炼概括出的一种"抽象"，即所谓"具象的抽象"。

材料中的两句话，构成因果关系。"我们似乎很难投入地、专注地去做一件事情"是现象，是为"果"；"我们的大脑已经习惯了轻而易举获得大量愉悦感，久而久之，需要付出更多的、富有沉重感的事自然也就没有人愿意去做"是出题者概括出来的原因。这个"因"的部分也包含着因果关系，即因为"习惯轻松获得愉悦感"而导致"不愿意做沉重的事"。

因此，材料所呈现的写作话题可概括为：因为人们习惯了轻而易举获得大量愉悦感，所以不愿意去做需要付出更多且富有沉重感的事，进而很难专注于一件事。

从中可提炼出以下关键词：专注做事+习惯"愉悦感"+不愿"沉重感"。

二、题目分析

（一）概念内涵分析：对"愉悦感"和"沉重感"概念内涵的分析。

1.当下人们可以轻而易举获取的"愉悦感"是一种什么样的愉悦感？

可能是现实生活里的小满足，小确幸，乃至隔岸观火，幸灾乐祸；是满足潮服口腹之愉，放飞自我之乐；是顺应"潮流"中的取我所需，"浑水摸鱼"；是"游戏人生"中的自我放逐，自我慰藉，自我发泄；是虚拟世界中的键盘侠式的宣泄，清空现实沉重后的轻松，浏览视图时的感官之乐等等。这些来自生活中的唾手可得的大量愉悦感，实质上大多表现出情绪、情感、思考、认知世界里的消极一面，甚至有阴暗丑陋之嫌。因此，这样的"愉悦感"具有暂时性（即时、短暂，难以持久）、浅薄性（浅显、短视，没有高尚意义）、虚无性（消解严肃，解构意义）等特征；可见这种"愉悦感"是"浅愉悦"，甚至是"假愉悦"。它断然不是我们应该提倡和去追求的深层次的真正的愉悦感。

2. 当下人们不愿去做的事中的所谓"沉重感"是一种怎样的沉重感?

从"需要付出更多的事"的范畴来看,应该指向人生目标的追求与实现,事业理想的追求与达成,自我价值与社会价值的实现;可以体现在学业梦想、事业奋斗、人生追求中的责任感、使命感、艰辛感,以及由此产生的成就感、价值感、意义感。

(二)现象成因透析:习惯轻易获得"愉悦感"的原因分析。

1. 时代因素。在"这个时代","愉悦感"能够轻易且大量获得,表明在当下社会,给人制造和提供愉悦感的来源十分广泛,途径十分便捷。随着社会进步和人民生活水平的提高,消费主义开始大行其道,旨在满足人们视听感官愉悦需求的物质和文化产品琳琅满目:明星真人秀、商业电影、美食华服、娱乐八卦、网络游戏、网上追剧、社交媒体等等;从现实世界到虚拟世界,丰富多元的消费文化、消遣文化、娱乐文化无孔不入,充斥着人们的生活,人们自然容易获取大量"愉悦感",久而久之也便习以为常。

2. 文化因素。从深层民族心理来看,李泽厚将中国人注重世俗的幸福的文化心理称之为"乐感文化",指出"中国人没有超验理性,因此这种乐感文化体现了以人的现世性为本,而与西方传统强调的'绝对''超验'精神相对立",从衣食住行到各种民间礼俗,都展示出中国文化庆生、乐生,以及肯定从生命和日常生活中去追寻幸福的本体特征。从这个角度看材料中的"习惯",它还有民族文化心理的深层原因。

(三)概念关系分析:"愉悦感"和"沉重感"是否截然对立?两者是否有关联和统一的可能?

"愉悦感"本就是我们生活、学习、工作中应该追求的心理体验,而"沉重感"往往会遭到人们本能上的排斥,但又是人生成功、事业发展、社会进步中无法跳开的过程性特征。因此,两者本就共存于一体。如何实现二者的融合统一? 从必然性角度而言,人们如要追求持久的、深层的满足感、快乐感、愉悦感,往往必经长期的付出与坚持,还要排除质疑与干扰,克服挫折与困难,经过不断反思与总结,乃至不断试错与调整,也就是走过一条充满荆棘坎坷,历尽曲折而不断前进的道路,方可得偿所愿。可见"沉重感"是"愉悦感"的前提,也是途径。也就是要想体味到"众里寻他千百度,蓦然回首,那人却在,灯火阑珊处"的高峰体验、深度愉悦,必经"衣带渐宽终不悔,为伊消得人憔悴"的沉重历程。这是成功的辩证法,是人生的辩证法,也是社会的辩证法。

立意举隅

1. 写一篇着力于批判性的文章(驳论文)

先破后立:先批驳习惯轻而易举获得"愉悦感"之弊害,剖析"愉悦感"的实质;然后正本清源,阐述真正的"愉悦感"的内涵;最后提出要获得真正意义的"愉悦感"需要经过专注于做一件事所必须经历的"沉重感",同时兼论"沉重感"的意义价值。

2. 写一篇廓清认识的证明性文章(立论文)

阐述专注做一件事在于历经"沉重"而达"愉悦"的观点。分析阐述专注做事过程中的"沉重感"的内涵和做好"一件事"的价值、意义,阐明做事过程中的这种"沉重感"与做事目标中的"愉悦感"的内在关联,最后针对材料中所反映的"现实问题"提出建议对策。

3. 写一篇与材料对话的文章("出格文")

材料中"似乎"一词是出题者给出的可以与材料对话的空间,"似乎"意味着有商量的余地,意味着"这个时代"可以让人们"很难投入地、专注地去做一件事情",也可能给人们"更方便、更容易地专注于做好一件事"。当今时代提供了各种便利条件,如大数据信息、互联网时代能更有效弥合消除信息分享的壁垒和资源分配的鸿沟,人工智能的开发利用能更有效解决甚至替代依靠人力所很难完成的工作,民众的科学文化素养不断提高,社会文明不断发展等更有利于人们实现过去难以实现的社会理想等。从这个角度而言,这个时代也可以缓解、消解人们做事过程中的"沉重感",进而更高效获取"愉悦感"。狄更斯所言的"这是一个最好的时代,也是一个最坏的时代",可以反说"这是一个最坏的时代,也是一个最好的时代"。当然这要求我们以"在自己身上克服这个时代"为前提条件。

范文引路

	思维角度	思考内容
在愉悦感中专注自我 陆靖妮		
现今社会高速发展，为人们在短期内获得大量愉悦感提供了更多便利；然而不难发现，人们也正在渐渐远离"沉重感"，以至于难以专注地做好一件事。	转述材料	
以学生为例，在许多搜索软件的"帮助"下，学生们通过拍照便能快速获得"名师指导"，人们戏称之为"高效学习"，但当你考试时抓耳挠腮毫无思路，方才醒悟做作业时的"愉悦感"，只是换来了考试时的"沉重感"。<u>万事同理，我们很多时候就是这样：只顾眼前之愉，而丢了长远之乐。</u>	联系自身	联系自身学习，指出"只顾眼前而丢了长远"的错误做法。
有人说科技大发展时代的来临正是好事，越来越少的人愿意去做那些需要付出更多的沉重劳动，岂不要求且推动科技加速发展？而我想，<u>要想科技给人们提供更多便利和轻松获取的"愉悦感"的条件，背后不正是需要有更多人，付出更多的、富有沉重感的长久持续的探索和研究吗？</u>因此我认为，在<u>这个时代，我们亟须更多愿意摒弃一时快感，专注于终生投入在沉重事业中的人。</u>	关系分析 提出观点	从时代角度分析"愉悦感"和"沉重感"的内在关联，得出"我们亟须摒弃快感，投入沉重事业的人"的观点。
不可否认，在这个时代一些人更容易成功，网红主播等工作也能日赚斗金，轻而易举获得满满的愉悦感。<u>但这种成功和由此产生的愉悦是短暂的，你能快速出名，也会快速"埋名"。</u>而从事科研、技艺传承，以及所有潜心付出对人类有着深远影响的事业的人们，他们虽因背负沉重使命，曾经饱尝艰辛，苦于寻而未果，但他们从事的富有沉重感之	对比分析	通过对比，指出从事有沉重感的事业所具有的长远意义。

179

事业所产生的长久效益，将愈发明显，他们也必将青史留名。屠呦呦多年潜心研究，终发现青蒿素造福百姓；袁隆平年复一年不断优化杂交水稻品种解决百姓的吃饭问题……我们不难发现，他们自觉远离世人趋之若鹜的轻松感、愉悦感，却收获了内心世界无比富足且受到人们普遍美誉的真正意义的愉悦感。

有人说社会快速发展变革未必是坏事，它以它无限的诱惑力与便利性为社会自动淘汰了一批自律性欠佳、急功近利的人，也为社会留下了一群真正有献身精神，有强大自我控制力的人才。可见，当下时代更像是一块试金石，它更有效更快速地筛选了人才。而我们则要在这块试金石面前，努力让自己经得起筛选！面对周遭弥漫着的肤浅的愉悦感不为所动，去为自己找一片宁静之地，一个属于自己的长久之志，一项值得用尽毕生去追求、专注去做的事吧！ | 对策分析 | 从时代是对人才的试金石的视角，提出如何应对时代筛选的具体对策。

当然，理智告诉我，何其难也！但正所谓"心远地自偏"，只要心中有了念想，便有热情在，便能有劲使。这个世界也许没有"桃花源"，但我们可以走在向往"桃花源"的路上！虽然一路必定艰辛沉重，但不断延展下去的路的两旁，也应该有鸟语花香，莺歌燕舞，一片阳光…… | 提出展望 | 对专注做事的过程和前景进行展望，语言有感染力。

点评： 文章从批判人们"只顾眼前之愉，而丢了长远之乐"的现象说起，揭示轻松获取愉悦感需要以富有沉重感的长久探索为条件这一辩证关系，认识颇为深刻独到。文章接着对比分析短暂愉悦与长久留名的差别，实则意在凸显做有"沉重感的事"的意义。在此基础上提出应对时代筛选，去专注做事的正确态度，并对其前景给出客观而富有激励性的描述。全文思维环节清晰，语言表达理性与感性兼具，相得益彰。

切勿走向"娱乐至死"
吴文轩

	思维角度	思考内容
步入如今这个堪称"信息爆炸"的时代,<u>我们似乎很难投入地、专注地去做一件事情</u>,而是喜欢轻而易举地就可获取大量浅表化、庸俗化的愉悦感,正如同风行网络世界的"键盘侠"们宁可无脑地随意对文化现象评论以获取娱乐效应,获得一些消解权威的肤浅"成就感"使自己愉悦。但是,越来越多人也不再愿意对文化现象深入思考,<u>更多人不再愿意做那些需要投入的、富有沉重感与意义的事</u>。	简析材料	联系现实转述材料,并作简要分析。
究其本质,我认为是人们观念中"娱乐至上"的浅娱乐化观念无端挤占,甚至消解了那些富有沉重感的事物的价值,从而人们粗暴地给那些"高成本低效益"的事情贴上"无用"的标签。而人们心中的<u>实用理性</u>又自然而然地否定那些"沉重而高成本"之事的价值,而转向浅表化、提供即时情绪效益的事上。	本质分析	深究材料中的现象,揭示现象背后的文化内涵,写得比较深刻。
缘何会产生泛娱乐化观念大行其道,人们只愿意做轻而易举就能获得大量愉悦感之事的现象?我认为这与我们文化属性中的乐感文化不无关联。不同于西方国家的罪感文化与恶感文化,乐感文化强调一种工具理性主导下的愉悦感,也即我们习惯地将事物分为有效愉悦与无效愉悦两种,为了搜寻最快获取愉悦感的方法,我们会舍弃那些需要更多付出的、带有沉重感的事物,但<u>乐感文化中恰是缺乏了"自省"这关键一环</u>,沉迷于肤浅娱乐的人们不会反思自己将意义窄化的事实,只会越陷越深。	原因分析	通过中西对比,指出"乐感文化"的深层历史原因。内容深刻有理据。

试想一个娱乐代替庄严、轻松完全取代沉重的泛娱乐化社会,将是多么可怕?<u>单纯的娱乐将导致

我们精神的空虚，只愿做轻松之事而排斥"沉重"之事，也会渐渐剥夺我们深入思考，集中注意力，全身心投入一件事的可贵能力，把我们的"不想"，彻底变为"不能"。同时这一定程度上也会造成审美的偏差，以浅显为美，以庸俗为美，而非以厚重感、庄严感、深远的意义为美的病态"美学"将大行其道。而这样热衷于浅表愉悦感的"精神软骨儿"，又何以成大器，办大事呢？这不仅是个人的悲哀，更将是民族的悲哀！

|危害分析|重点论述热衷浅层愉悦感的危害由个体危害引申到社会危害。|

波兹曼曾在其著作《娱乐至死》中提醒世人："我们会死于我们所热爱的事物。"那么我们就应摒弃自己狭隘的"有用无用论"，更多地重视那些肯做需要付出更多、富有沉重感的事的人，给予他们动力，并且有意识地让自己舍弃一些暂时的、浅表化的愉悦感，将重心放在锻炼自己专注投入地干一件富有深厚意义的事上。唯有这样，我们才能保证更多的文化、社会价值不被娱乐无端消解。

|对策分析|从认识和做法层面分析解决问题的办法。|

因而，我们在生活中应尽力避免对浅表娱乐价值的过度追求，更多地深入思考、投入一件事，增加生命的厚重感，切勿走进"娱乐至死"的泥潭。

|总结观点|

点评：本文思考的精华在于能够透过现象看本质，揭示"娱乐至死"观念为现象之症结，更难能可贵的是从"乐感文化"的历史渊源中深度探因。接着在透析现象可能导致的种种危害后，提出富有理据的建言。文章行文简洁，论述过程注重理论素材的运用，增强了说理的力度，语言表达文从字顺而不失学理，展现了理性说理的魅力。

第五章　面对新知

第一节　切莫用旧知附会新知

> 知识论底对象是知识,是普遍的知识底理。理是普遍的,而知识现象就其发生于某时某地说是特殊的。问题是在特殊中求普遍。我们一想就会想到任何知识现象中都有知识者、被知识者及知识。知识底范围非常之广。在今日谈知识免不了要想到对天文世界及原子、电子世界底知识。可是这些都是间接得来的。间接知识底大本营依然是对于所谓耳闻目见的世界底知识。被知不能忽略,但是从现在的讨论着想,我们可以暂时不理会被知。知识底大本营既然是对于耳闻目见的世界底知识,主要的知识者也就是耳能闻目能见的知识者。如果我们暂时注重知识者,我们也就暂时注重官觉者。注重官觉者当然免不了要讨论官觉事实。
>
> ——金岳霖《知识论》
>
> 人们普遍热爱学习的原因是,大多数人并不是因为知道自己缺什么,然后去弥补,而是因社会化媒体、传统媒体和内容演绎者的包装而被影响。很多知识只是长得像知识而已。很多人也只是装作很爱学习而已。
>
> ——赵周《这样读书就够了》

主题导引

"附会"一词较早的出现,是在南北朝时期文论家刘勰的《文心雕龙·附会》中,原文为"何谓附会?谓总文理,统首尾,定与夺,合涯际,弥纶一篇,使杂而不越者也"。此处的"附会"就是"附着会合"的意思,即使文章通篇相附着而会合成一个整体。后来,词义发生了引申变化,在现代汉语中,"附会"是指把没有关系的事物说成有关系;把没有某种意义的事物说成有某种意义。它成为人们认识事物的一种方式、策略。

显然,这是一种应该给予批判的认识方式,因为它生拉硬扯,强词夺理,甚至罔顾事实。新知与旧知,是不同事物之间的关系;要正确理解这种关系,必须运用矛盾分析法。矛盾分析法认为,每一个事物都有自己的特殊本质和特殊的运动形式,从而把一事物同他事物区别开来。知识的新与旧之间,客观上应该存在着某种联系,但有本质区别,这种区别体现在性质、过程、条件、趋势等诸多方面。

当今社会,常常出现以旧知附会新知的情形,今人知识、信息的拥有量大大超过前人,许多人有意无意间将自己视为知识的权威、行业的精英、领域的专家,内心洋溢着自得、自高、自满的情绪。而当今社会的另一个特征是知识以几何级的方式迅速增长,信息以爆炸的方式急速扩增。人们哪怕拥有再多知识,哪怕始终坚持学习新知,也只能跟随在知识发展进程的后面,并且永远追不上这趟快速飞奔的列车。以旧知附会新知,让我们看到了许多人的傲慢,也让我们看到了这个时代的无奈。

时代发展日新月异,今天我们洋洋自得获取的新知识,一觉醒来,亦如明日黄花。知识迭代更新迅猛的年代,我们将以怎样的姿态迎接每个新的一天扑面而来的新知识、新信息?我们该怎样处理好我们已有知识、信息与即将奔涌而来的新知识、新信息的关系?实际上关涉我们该以怎样的观念和立场站位于当下社会,我们该怎样构建自己的知识观和认识观,乃至人生观和世界观。

朱熹在谈对待知识的态度时,给出了八字要诀:"虚心涵泳,切己体察。"我以为这种虚心之态,体察之法,仍然值得我们学习借鉴和发扬光大。

作 文 题

无论接触一种新的方法,还是阅读一本新书,还是观赏一种新的艺术,人们往往会产生"这不就是……嘛"的反应,以已有的"旧知"来附会"新知"。

这种对待新事物的态度和认识方式,在生活中很普遍。对此,你有怎样的思考? 请写一篇不少于800字的文章。要求:(1)自拟题目;(2)文体不限(诗歌除外)。

文题解析

一、论题聚焦

这道作文题的结构为:现象概括+题干要求。从题型而言,比较类似于2019年上海秋季高考作文题,内容上也保持相对"一致",也就是材料部分描述了一类社会生活中普遍存在的现象,题干部分要求聚焦到认识层面并以此为写作话题。

细看这道作文题,现象概括部分和题干要求部分存在着比较明晰的对应关系:"人们往往会产生'这不就是……嘛'的反应"和"对待新事物的态度"相对应,"以已有的'旧知'来附会'新知'"和"对待新事物的认识方式"相对应。前后之间实为具体与抽象的对应。

因此,这道题所隐含的写作话题可聚焦为:你如何看待人们在面对新事物时"这不就是……嘛"所表现出的态度以及凭借已有的"旧知"来附会"新知"的认知方式。聚焦的关键词为:对待新事物+态度+认识方式。

二、题目分析

(一)思考的"关键点"在于对材料所描述的"态度""认识方式"的内涵把握。

1. 关于"这不就是……嘛"所体现的对待新事物的态度

其中"……"的内容应该是人们熟知的某种旧事物、旧知,可见人们面对新事物时往往联想起某种旧事物、旧知,而"不就是……嘛"是用一种近似于反问的语气强调"这其实就是……"从言说者说话的语气中,我们可以推知其面对新事物的态度:一种可能是以知识丰富、经验丰富、见多识广的"卫道士"姿态、"过来人"姿态、"全知者"姿态所自然流露出的心理。另一种可能是对新事物的漠视、忽视乃至蔑视心态;甚至是试图排斥拒绝、蓄意打压的心理;乃至为恐惧变革发展、抵制进步革新的心态。

2. 关于以已有的"旧知"来附会"新知"背后反映的认识方式

这里我们要细品"附会"这一动词的内涵。这个词的基本含义为:把不相关的事说成有关或是把没有某种意义的事说成有某种意义。从词义的情感色彩上看多以贬义为主,从词义的内涵上看,是对某些不恰当、不正确的判断言说、理解认识以及其背后的方法、途径、策略的形象概括。我们日常生活中有"穿凿附会""牵强附会"之说,即是人们对这种不甚恰当的认识理解方式的归纳表述,往往带有经验主义、本本主义、保守主义的味道。

综上所述,我们可以提炼出"附会"一词所包含的多层内涵。如下图:

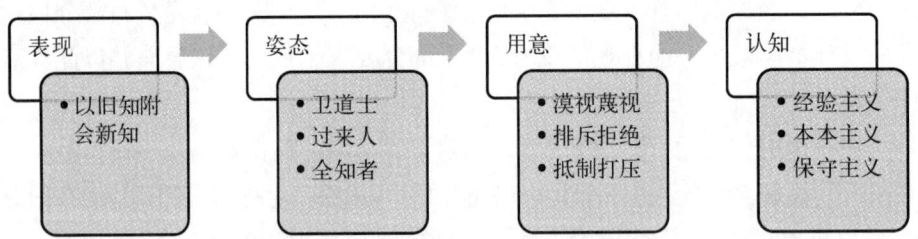

(二) 思考的"深入点"在于对"附会"这一认知方式的思维实质的辨析。

1. 对其思维形态的概括

用"旧知"附会"新知",是生活中人们常常自觉或不自觉、有意或无意运用的一种认知方式,其实在不同人和不同的认知领域都较为普遍存在,从古至今,绵延不断。从形态上看,大体可用"惯性思维""定势思维""标签思维"等近似词语来概括。

2. 对此类思维的深入辨析

(1) 运用一分为二的立场看问题

俗话说,存在的就是合理的。这里的"合理"并非指其形成机制的合规律性,而是指其存在价值的合理性,就是说,凭借"旧知"认知"新知"这一认知方式具有一定的实用性。

人们的知识储备和认识能力有一个渐次展开、不断伸展的过程,有一个从"无"到"有"、从"少"到"多"、从"弱"到"强"的发展过程。人们始终立足于自己已知的东西去触摸探索"知"与"未知"、"浅知"与"深知"的边界,始终以"旧知"为认识起点,去建构起自己认识"新知"的获取方式和行为逻辑,从而实现以"旧"促"新"、以"旧"带"新"、以"旧"推"新"的认识扩展过程。从这一角度看,材料中所反映的认识方式能一定程度上客观反映人们认识事物获取知识这一过程的规律。

但材料中的"附会"所体现的认识方式却不全然如此。基于前面对"态度"和"附会"(认识方式)所做的内涵分析,我们可以推知这种认识方式有如下危害和后果:

一是对新事物本身存在和发展的危害。新事物、新知,是人类发展前进的源泉,人们的忽视、蔑视和有意无意地"打压",会将新生事物扼杀在摇篮里(萌芽状态),必然阻碍新事物新知识的成长;人们穿凿附会的认识,必然无法客观认识到新事物、新知识本身可能存在的合理性和它的意义价值,自然无法期待它贡献于社会生活中可能表现出的实用价值和推动作用、革新作用。这是"新知之殇"!

二是对人的认知水平和能力的负面影响。"附会"的认识方式依从于人们的惯性思维,从而助长了人的惰性思维,人们长期运用"旧知"的框架标准来认识新事物,只能不断加固旧有认知逻辑,形成思维的固化、认识上的教条主义、本本主义、经验主义,从而让人的认识能力不断退化萎缩,慢慢丧失认识新事物,接受新知的勇气和能力,形成不辨真假、不识良莠,乃至搬弄是非、颠倒黑白的认识观;更枉论构建起谦虚好学、虚怀若谷、孜孜以求,即能外视通融,又能内视自省的认知生成机制。这是"认知之殇"!

(2)运用对立统一和发展的立场看问题

"旧知"与"新知",明则相互对立,实则内在统一。从其共同点而言都是人类对世界探索行为的认知结果。从认识的过程来看,"旧知"是认识"新知"的起点,"新知"是认识发展的目标;从认识的方法策略上看,我们能够以旧促新，以旧带新，但也能够以"新知"来完善"旧知"，甚至推到"旧知"（"日心说"和"地心说"等即可为例证），这是新旧知两者之间的辩证统一关系。

而人类认识世界的脚步永不停息。许多曾经或当下为人所奉为"真理"的知识不断被新的"真理"重构，知识或其代表的"真理"性认识，其实始终走在推陈出新、迭代更替的动态运动之中。昨日的"新知"会成为今日的"旧知"，今日的"新知"也必将成为明天的"旧知"，知识的新与旧不断转化；其迭代更新，没有让知识的意义走向虚无，反而让知识的长河生生不息，延绵不绝。

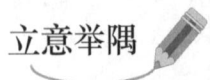

立意举隅

一是从批判性角度立意。

例如，摒弃对新知的敌意态度，树立开放包容的心态，构建适合新知成长发展的宽松自由的环境。重点剖析"敌意心态"对新知发展的危害，以及宽松自由环境对新知发展壮大的意义和价值。

又如，批判"附会"中所体现的错误认知方式，主张打破经验主义和罐头思维，树立正确的认识观。运用透过现象看本质的分析方法，揭示"附会"的认知方式其背后的思维实质与危害，提倡构建科学的认识观，坚持培养用实事求是的原则以及运用发展的眼光看问题的能力。

二是从思辨角度立意。

例如，主张建立旧知与新知之间的正确关系，不以旧知附会新知，也不因新知否定旧知，也就是不要割裂新、旧知之间的联系。重点论述将二者割裂对立的弊害，并分析二者统一融合的可能及意义。

又如，民众要以开放包容心态对待新知，而创新者更要有敢于接受民众怀疑的胸襟，学会主动检视新知存在的意义，并理性思考其发展成长中该做出怎样的改进调整。

又如，要客观认识旧知存在的价值，旧知不应成为人们附会、曲解，甚至排斥、打压新知的工具，而应成为新知产生的温床，成为新知发展的借鉴。

范文引路

	认识新事物 陈 钰	思维角度	思考内容
	对于新事物，人们往往会产生"这不就是……嘛"的反应，以已有的"旧知"来附会"新知"，这是社会的普遍现象。	引述材料	
	<u>究其"本原"，我认为是惰性思维加以对"自我真实"的崇尚所导致</u>。面对新事物，人们总是习惯以已知的规律或概念作为模板，使其符合这旧有的套路，从而被纳入可被理解的范围。<u>这其实是人们为自身的惰性思维寻找的合理借口，假以理解之名，实则对其一无所知，甚至是误解</u>。并且，在成见粉饰过后的"观化世界"中存在的永远只有"自我真实"，即我看到我认为正确的理便是事物的全部。以已有的"旧知"附会"新知"便是向新事物打开通向"我的世界"的大门。	原因分析 （本质分析）	从思维实质的角度分析"附会"背后的原因，抓住要害，有深度。
	这种认识新事物的态度与方式是个人的"愚知"，同时也是社会的"愚识"。	本质分析	揭示这种认识方式的属性。
	对于个人，我们手持贴有旧识的有色眼镜，将<u>新事物附以旧事物的概念，不仅会使其失了真义，更会导致自身认知停滞不前</u>。当我们看不见新事物"新"在何处，吸收"新"、学习"新"便无从说起，我们被"愚知"的漩流裹挟，自以为是地做着井底之蛙。而对于社会来说，当个体的"愚知"变为集体的"愚识"，社会便失了前进的动力。试想一项新科技诞生于世却被贴上"旧"的标签，科学技术如何发展，新兴产业如何腾飞？此时，社会便于懈怠	危害分析	分别从个体和社会两个层面分析"附会"之愚，即其产生的重大危害。

189

的"愚识"中失掉了创新之气。

那么,如何才算恰当的对待新事物的态度与方式呢?

首先,应意识到"新"与"旧"的发展性。一旦"新"被吸收,被熟识,"新"便成了"旧"。因此,我们应保持开放包容的心态面对新事物并一以贯之。在接受一件新事物后继续保持开放的心态迎接下一个新事物的到来。| 对策分析 | 从三个角度展开对策分析,三者之间层层推进,暗含逻辑。

并且,新事物不一定是"好事物",批判性思维在当今信息繁杂的时代必不可少。面对新事物,我们应先判断其内在价值与价值导向,并在选择后理性吸收,此之谓取其精华,去其糟粕。

再者,对新旧事物的比较亦有其一定的建设性意义。在认识新事物后,我们应对旧事物有更深刻的理解,并在一定程度上有意识地去探究两者的正面效益背后的深层意义。

对新事物的错误认知态度是惰性思维加以"自我真实"下的个体"愚知"、社会"愚识",正确对待新事物是我们可用一生追求的境界,你我应皆心向往之。 | 总结观点 | 概括全文内容,总结观点。

点评:文章从分析概括材料出发,由现象探究本质(同时也是归因),得出"惰性思维加以对'自我真实'的崇尚所导致"的结论,并对"惰性思维"和"'自我真实'的崇尚"作了深入分析,可见其思维的深度。接着文章转换角度,从个人和社会两个层次分析"旧知"附会"新知"的危害,行文有推进意识。最后又从三个层次论述如何恰当对待新事物,体现了思维的多层性和辩证性。全文围绕归因分析、影响分析和对策分析来构思,逻辑推进有层次,体现了对事物的深入认知和对事理的有序阐发,是思想深刻和过程性深刻兼得的文章。

	思维角度	思考内容

切勿以"旧"附"新"
顾 金

对于新事物的出现，人们往往会表现出不屑一顾的态度，并不假思索地用自己旧有的知识来牵强附会地解读新的事物。这种做法不仅无益于获取新知，反而消解了新事物的价值。 ——简析材料——对材料进行简洁的转述和分析。

究其本质，我认为是人们根深蒂固的"罐头思维"在从中作祟，也就是对事物只做出一个简单判断，不细究知识原委，缺乏科学考证过程。作家曹林曾在《时评中国》中批判过这种以"旧知"附会"新知"的思维方式，即人们为了追求更迅速高效地获取新事物的信息，会不由自主地将自己旧有的认识强加于新事物，看似节省了时间，其实无异于自欺欺人。这是一种逃避深度认识新事物所需付出的成本的"懒汉思维"。 ——本质分析——透过现象从思维层面揭示出"罐头思维"和"懒汉思维"这两个本质。

那么，缘何我们会产生这种"罐头思维"，盲目地以"旧"附"新"呢？除去快餐文化对我们深度思考的挤压、冲击之外，还有我们过于拘泥于自己已有认知，而缺乏求索精神。鲁迅曾批判国人死守旧知的腐朽，说这是一种可悲的、冷血的"瞒与骗"的文化。而当今人们看似没有到达这样极端的地步，却也是常常以"瞒与骗"的方式将旧知盲目地搬运到新事物上，得出新事物也不过如此的荒谬结论，从而消解了深度思考、认识、求索新事物的价值，换得故步自封的虚假安全感。我们的旧有认识就这样与思考惰性、懒于求索的劣根性相结合，完成了对新事物的浅薄、偏差认识。 ——原因分析——分析"罐头思维"产生的根源，主要从主观上找原因；引用鲁迅的思想有一定说服力。

如果我们无限度地循环以上以旧知附会新

知的思维方式，那么我们将永远得不到自我提升与发展。此时我们的旧知成为我们实行经验主义消解新事物价值的资本，不再是推动我们前行的动力，而是恰恰阻碍了我们认识新事物，获取新事物深层信息，使我们对任何新知的认识，都停留在极为浅陋的程度。我们待久了"旧知"的舒适圈，会很大程度上养成以旧知抵挡认识新知的习惯，诚当如此，又谈何进步与发展呢？而人人故步自封，懒于求索新知，社会又靠什么推动发展呢？这不仅是个人的悲哀，更将是民族的悲哀。

| 危害分析 | 深入分析这种认知方式在人们认识上造成的危害，写得比较深刻。|

"沉舟侧畔千帆过，病树前头万木春"。新事物必然会取代旧事物，我们必须首先对此规律有清晰的认知。因此，我们对待新事物时，必须保持相当程度的敏感，即具备求索新知的可贵精神，而绝非浅陋无知地将自己固有认识一股脑儿往新事物上套，这样会削弱我们对它的认识。只有我们对新知的热情求索，才能破除"瞒与骗"文化的以旧附新，破除新事物价值的"黑幕"。

| 对策分析 | 从认识和行动层面提出具体对策。|

因此，我们应拒绝以已有的旧知来附会新知，规避对新事物的片面认识而消解其意义；并且要以开放的姿态、理性的思考，为"新事物"正名。

| 总结观点 | 概括全文内容，总结论点。|

点评： 针对文题中的现象，作者先透过现象看本质，指出"罐头思维"这一思维实质；然后分析背后的原因在于"缺乏求索精神"；接着分析其危害后果和对策建议。全文条理清晰，思维链条合理推进，理性分析中有学理化深度，语言表达文从字顺且富有理性色彩，不失为一篇值得借鉴的优秀考场作文。

第二节　新办法是异想天开吗

> 天才并不是自生自长在深林荒野里的怪物,是由可以使天才生长的民众产生,长育出来的,所以没有这种民众,就没有天才。有一回拿破仑过Alps山,说,"我比Alps山还要高!"这何等英伟,然而不要忘记他后面跟着许多兵;倘没有兵,那只有被山那面的敌人捉住或者赶回,他的举动,言语,都离了英雄的界线,要归入疯子一类了。所以我想,在要求天才的产生之前,应该先要求可以使天才生长的民众。——譬如想有乔木,想看好花,一定要有好土;没有土,便没有花木了;所以土实在较花木还重要。花木非有土不可,正同拿破仑非有好兵不可一样。
>
> ——鲁迅《未有天才之前》
>
> 人类的灵魂只有懂得它的使命,才能感到真正的幸福,才会忘却光荣的荆棘路上所遇到的一切苦难,恢复健康、力量和愉快,使噪音变成谐声。而人们可以在一个人身上看到上帝的仁慈,这仁慈再通过一个人普度众生。
>
> ——安徒生《光荣的荆棘路》

主题导引

新思想、新知识、新技能、新方法,是人类社会得以进步发展的动力之源,这是人类社会发展演进过程中逐渐形成的共识。但是人类文明史又不断演绎着一场场创新方法、思想被人们嘲笑为"异想天开",甚至遭受蔑视、打压和迫害的悲剧,安徒生将这一现象形象地称为"光荣的荆棘路"。在人类社会发展的今天,这样的剧本还在上演,以至于美国历史学家房龙在《〈宽容〉序言》中发出这样的时代吁请:"这样的事情发生在过去,也发生在现在,不过将来(我们希望)这样的事不再发生了。"

从"悲剧"产生的原因角度来看,新事物虽然代表了事物前进的方向,但一方面由于其现实价值来不及全面验证,且其自身还存在不完善之处,所以一时难以"征服"人们的认识;另一方面,人们固有的认识水平大多达不到新事物预见性、前瞻性的高度,且不少人带入现实既得利益的考量等因素,让新事物举步维艰。

当下社会普遍鼓励创新,民众对新事物的包容和接纳程度也大有提升,新方法、新思想的成长之路上的荆棘自然减少了,但是人们对新事物的疑虑、恐惧却丝毫没有消散。因为我们来到了一个科技主义横行,社会和人类可能遭遇技术异化的时代。各种新技术、新方法爆发式生长,其双刃剑效应已经为有识之士所警觉,其负面影响可能远远超出了人类现有的认知。

面对技术日新月异,人们生活为技术所控制的局面,人类恐怕已经永远不可能确知技术究竟能做到什么,技术究竟能使人类变成什么样的存在。技术不可能后退只可能前进。至于前进到何种地步,人类可能永远不会有清晰的概念。人创造了技术,技术反而牢笼了人类自己。

拓展开来想想,在这个时代中,依然存在脱胎换骨的反智主义思潮,以及不均衡发展中出现的信息鸿沟和技术壁垒,后现代主义中的种种非理性思想等等,它们的存在会对新方法、新思想等新事物冠以"异想天开"之论,也就不足为奇了!

作 文 题

想出新办法的人在他的办法成功以前,人们总是说他异想天开。

针对这种现象,请写一篇文章谈谈你的思考。要求:(1)自拟题目;(2)不少于800字。

文题解析

一、论题聚焦

这是一则现象类材料作文题。作文材料用十分简洁的语句概括了古今中外人类发展史中十分常见的现象,即新思想、新观念、新发明在它诞生之时,往往受到当时社会既有的观念和认识水平的不宽容、不接纳,因此,"新办法"常被人嘲笑、打压,甚至遭受迫害而胎死腹中,被扼杀于萌芽状态。然而,历史是不以人的意志为转移的,许多新事物因其符合历史发展的规律,必然战胜旧事物,但这个过程充满艰辛曲折,这就是新事物取代旧事物的辩证法,即前进性与曲折性相统一,或曰螺旋式上升。

因此,这则作文题的核心话题就是讨论"新方法"在被世人见证成功之前,遭人以"异想天开"之名质疑、嘲笑,甚至打压的历史现象;也就是谈谈你如何看待"新办法在成功前被人嘲笑为异想天开"的话题。写作的对象包括"创新者的新办法"和"人们对其的不接受",以及两者之间的关系。

二、题目分析

这道题目的审题起点应该从"人们视成功前的新办法为异想天开"这一认识的实质剖析开始。首先应该从概念界定入手,思考"新办法"与"异想天开"两个概念的区别与关联,即想清楚"成功之前的新办法是异想天开吗"这个核心问题。

所谓"新办法",是为解决现实问题而提出的新方法、新路径、新工具、新发明、新思想等,它区别于旧办法、旧途径、旧思想,代表着事物发展前进的方向。所谓"异想天开",是比喻荒唐离奇,想象中暂时无法实现的事,还比喻超强的想象力,它的近义词为"匪夷所思""浮想联翩""胡思乱想"等。从词义而言,两者均为应对现实问题而提出,具有新颖性、创造性。只是"新办法"相对的是"旧办法",是"新"对"旧"的突破变革和创新尝试;而"异想天开"一方面突出一个"异"字,有别于传统的、常规的想法,另一方面"天开"一词,凸显想法的离奇、不合常情常理。在情感色彩上,"新办法"偏于中性和褒义,"异想天开"则偏向贬义色彩。

人们把尚未成功的"新办法"视为异想天开,从心理实质来看,多少带有对"新办法"的嘲笑之意,表现出对其的内心抗拒;也许是不包容、不接受,也许是轻视、鄙夷、反对,还可能是诅咒和扼杀。可见,人们对具有充分合理性存在的"新办法""新思想"和"创新者",缺乏应有的宽容之心、理性审视和观望态度,更丧失了应有的欢迎、期待,乃至呵护心态。

透过这种心态深究其思维实质,足见这些人思想守旧、观念保守、思维固化的特点,因而墨守成规、自我设限、安于现状、不思进取,甚至畏惧创新。其认知缺陷有三：(1)对于新事物产生与发展的规律缺乏科学认识，新事物的产生具有前瞻性，发展具有曲折性，结果具有光明性。(2)没有认识到新事物取代旧事物的必然性，没有运用长远眼光看问题，现时工具理性、实用理性为上，缺乏科学理性。(3)对创新者（先驱者、先行者）与普通民众的关系缺乏明晰的认识。创新者的思想、情怀、行动具有先念性，不止于"谋当下"更为"谋未来"；具有预见性，往往先知先觉；具有超前性，即超越现世认知与现实"庸常"。而民众的认识往往具有现实性，关注当下，安于眼前，具有滞后性，即后知后觉。两者之间明显存在错位和反差。

接下来，我们可以从结果分析的角度来进一步思考：新办法有怎样的价值？是否存在风险？人们的不认可有什么危害？尚有合理性可言吗？

对"新办法"的价值意义的思辨：新办法解决现实难题，破解当下困境，提供变革的可能，提供发展的动力；也存在可能的风险：如破坏原有的良性发展机制，阻碍合乎规律与逻辑的"应然"或"必然"前进态势等。

对人们"不认可"态度其危害的思辨：成为创新者人生路上的"荆棘"，扼杀天才，阻碍新事物的发展、推广，扼杀社会的创造力、活力，延缓行业、社会发展进步的脚步，破坏社会自由、宽容、和谐的良好风气和人文氛围等等。

最后，我们可以思考这么几个问题：针对新办法和创新者遭受的"打击"有怎样的建议？如何改变普通民众的不理解、不接受？"新办法"与"老办法"是否有弥合对接的可能？"创新者"与"普通民众"该怎样"和平"共存？

对创新者而言，要坚持梦想，不断省察创造过程以使之趋于合理完善，也要反思：创新之路的方向正确与否？新方法的可行性何在？能否虚心接受人们有价值的建议且专注于方法的精进？

对普通民众而言，要抱有宽容之心态，不断矫正偏误认知以趋于科学，培育科学理性精神，做有利于创新思维和天才成长的"土壤"，以营造宽容、自由的人文氛围。

立意举隅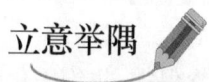

一是从对材料现象的批判性立场立意。从批判人们对新办法的武断指责和排斥入手,剖析民众对新方法、新思想的不宽容心态,批判其守旧、保守思想的危害,分析构建宽松人文环境以利于新思想、新方法发展的重大意义。我们可以以鲁迅先生《未有天才之前》一文中的思想为支撑,即民众不该扼杀天才,可以做"天才成长的泥土"。

二是从以新方法为代表的新事物的发展前进性和曲折性过程入手立意。指出创新者或者说人类的先驱者,要坚守初心,坚信新方法、新思想、新发明对推动社会发展和人类进步的伟大意义,坚信其必有光明未来而不自我怀疑;同时要有直面世俗浅见、陋见的不包容、不接纳,具备百折不挠并敢于殉道的勇气。痛饮毒汁以死捍卫法律尊严和自由言论价值的苏格拉底,坚持日心说而被活活烧死的布鲁诺,遭人嘲笑而坚持进化论的达尔文等等都可为例证。

三是"反其道而行之",分析人们质疑新方法是"异想天开"这一想法的合理性。正所谓实践是检验真理的唯一标准,没有获得成功之前的新方法其实尚未经过实践的充分检验,因此新方法、新思想的持有者要具备接受民众质疑之声的胸襟,新方法也要在实践的反复检验中,捕捉到改善调整的机会。而那些经不起实践检验,违背科学规律、道德公理,乃至普世价值的所谓"新方法"无疑是异想天开,甚至是无稽之谈、痴人说梦。

四是从新老办法可以统一弥合的可能性角度立意。人类的许多新方法其实是基于解决现实问题,突破现实瓶颈而萌发的,大多为对旧方法的改进、完善以及在此基础上的革新。因此创造者应站在"前人的肩膀上",秉持"扬弃"的立场,在方法思路上推陈出新或革故鼎新。

范文引路

	思维角度	思考内容

未有天才之前

沈文萱

被误会似乎是先驱者的宿命。想出新办法的人在他的办法成功以前,人们总是说他异想天开,先驱者屡屡遭此困局!然而自古至今,<u>一面是呼唤创新"天才"的产生,一面却是对天才行为的不包</u>

简析材料　　揭示天才遭遇困局的宿命,指出呼唤天才与不包容天才的悖论。

容，两相比照，显得荒诞不经。

　　也许反感是大众对于异己想法的生理反应；特别是当初生的全新想法与现存社会结构和人群价值认知相左甚至背离时，愤怒的群众往往会一味排斥，盲目反对。此时，说服受众，特别是少数个体持有的"相对真理"说服多数大众"绝对真理"的过程，安徒生称之为"光荣的荆棘路"。被集体暴力迫害的苏格拉底、哥白尼……直到身死多年后才抵达痛苦又光荣的终点，得以被后代平反昭雪。私以为，这般恐怖的思想禁锢，时至今日理应撤去。

　　诚然，并非所有的新点子最后都取得价值实现；但我们切不可因噎废食，将思想与言论的自由一齐拦腰斩断。不成熟的、幼稚的想法本身无罪；它与成熟的、受广泛认可的观点相比，正如婴孩之于老者，绝没有"从诞生起就是个错误"的道理。不分青红皂白，一律扣之以大帽子曰"异想天开"，过于刚愎自用。克雷洛夫寓言中将诽谤者比作毒蛇，对异端不加宽容者，实比毒蛇更甚。犹如骑马在遍地嫩苗中肆意践踏，却盼望有着好的收成；自恃正义的批评家盘踞着所谓正确的立场，但想苗之好坏尚无定论，如若一律扼杀在摇篮里，天才荒芜却是必然。

　　因此，既需求创新想法的进步，我们理应寻求天才者，更应提供新想法生长的土壤。正如鲁迅先生在《未有天才之前》所言，乔木与好花须长在好土上；充斥着打压和恶评的社会失格风气，只能闷出一碟"绿豆芽"，软烂而不成"体统"。此外，为加速对创新先驱者的"去污名化"，除了缓和人们的抵触情绪，不宽容思想的"野蛮生长"之外，舆论认

本质分析	分析民众排斥异己想法的实质，指出"说服"过程的特点。
表明立场	提出应该解除思想禁锢的观点。
危害分析	通过设喻和举例，分析"斩断"新思想的后果危害，具体，生动。
对策分析	从个体角度指出做"土壤"的建议。
	从媒体舆论角度指出"去污名化"的办法，

知的重点也不可聚焦于成功的个例上。一旦新想法获得世俗意义上的认可，想出新想法之人便声名鹊起，"否泰如天地，足以荣汝身"。其人生经历经过艺术化丰满后包装为个人化的叙述主体，争奇斗艳；而没有成功或尚未成功的"朝圣者"则被边缘化为整体群像，沦为"失败"的简单概念。整个关注导向的重心，实应置于尚未成功的想法之上；把枯燥的为真理献身的冷板凳焐热，才能真正改变人们根深蒂固的偏见，是为"天才"之温床。　　建议转移关注导向。

　　未有天才之前，先有使天才诞生的泥土，方可淘尽沙中黄金！　　点题收尾

点评： 作者借用鲁迅作品《未有天才之前》的思想架构全文，批判当下社会中存在的盲目排斥打压新方法、新思想的行为，让时过百年的鲁迅思想赋予了新的阐述和生命。这是本文立意上显见的高度。围绕要为天才者"提供新想法生长的土壤"的中心，作者提出要转变关注导向，"焐热冷板凳"的建言，这是对当今复杂的功利化的社会的一声很有见地和责任感的呐喊，实在难能可贵！全文论述过程破立结合，分析阐释到位，论证方法运用得体。

突破思维定式
沈　誉

	思维角度	思考内容
想出新办法的人在他的办法成功以前，人们总是说他异想天开，对其进行嘲讽打击。然而在很多时候，新办法的价值被肯定，人们又会懊悔自己当初对其的无端否定。	简析材料	分析人们对待新办法前后矛盾的态度。
究其本质，我认为这是一种武断地否定一切可能存在的创新意义的陋见，一种偏安一隅，缺乏实践精神的麻痹心态。人们以先入为主的标签化思维排除其他异己的新想法，被自己的刻板成见所蒙蔽。	本质分析	透析人们心态背后的实质，全面而深刻。

为什么人们会陷于这种标签化思维，习惯于埋没新想法的价值呢？传统儒家文化中的"非礼勿视，非礼勿听，非礼勿言"给了我们深刻的影响。在我们的刻板印象中，似乎什么是对的、什么是错的，都早已有了一定的标准。<u>一种突破某种标准化的逻辑范式</u>就是不可取的，注定失败的惯性思维扎根于我们脑海之中；此外，经受社会百态"洗礼"的人们，自以为<u>"看破了红尘"</u>，十分通透，实则只是<u>圆滑、麻木</u>。他们失去了孩童的单纯，对很多新思想都失去了敏感，更愿意先入为主地直接怀疑新想法的价值，而不是去思考自己无端的怀疑是否也需要怀疑。

　　若是个体无法摆脱无端怀疑新想法的价值的思维定式，那么他的<u>独立思考能力可能将渐渐萎缩，失去对新事物积极思考，勇于实践的可贵精神，从而形成一种思维惰性，导致对固有成见形成可怕的精神控制和可悲的精神依赖</u>。于社会而言，它将<u>消解社会的创新价值，打消创新者的积极性，并可能将整个社会卷入无端打击新思想的"集体无意识"的漩涡中</u>，使得社会如同房龙在《宽容》中描写的腐朽的无知村庄一样死气沉沉，岂不悲哉！

　　因此，我们必须<u>尊重每一个体的每一次对新想法的探索</u>，切勿被自己原先固有的思维所框定而直接将其一棍子打死，时刻保留独立的判断，但这种敏感既<u>不意味着所谓"中立"，也不意味着泯除自我</u>；而是为自己的先存之见和固有理解容让出一块空地，并承认自己偏见存在的可能性，且以实践精神对新办法加以论证。纵然新办法行不通，我们也须以宽容的态度保护创新者的创新精神，<u>营造一</u>

原因分析	具体分析标签化思维产生的逻辑和文化根源，比较深刻。
危害分析	分别从个体和社会两个层面分析其危害，同样全面而深入。
对策分析	提出尊重探索精神的对策，同时辩证分析认识和实践的关系，并补充营造宽松人文氛围的时代呼请。

种宽松的人文氛围。于创新者而言,也颇须有几分"倔强",不应轻易地"随众而靡"。

  我们诚当打破"未知即错误"的思维定式,剔除顽固的标签化思想,以孩童的单纯,尊重每一种新思想、新办法,并以实践精神积极加以检验。如此,我们的思想才可迸发更大的活力。 总结观点

点评:本文首先运用透过现象看本质的思维方法,揭示材料现象背后所包含的思维实质,概括为刻板的标签化的定式思维,体现了作者认识的深刻性。文章重点论述定式思维形成的原因、危害和对策,对症下药,思维推进链条缜密。全文思路清晰,语言表达富有理性之美,是一篇值得学习借鉴的佳作。

主要参考文献

1. 中华人民共和国教育部.普通高中语文课程标准[M].北京：人民教育出版社,2018.
2. 梁启超.作文法[M].北京：北京教育出版社,2014.
3. 夏丏尊.文章讲话[M].北京：北京教育出版社,2014.
4. 叶圣陶.作文论[M].北京：北京教育出版社,2014.
5. 夏丏尊、叶圣陶.国文百八课[M].北京：生活·读书·新知三联书店,2008.
6. 于漪.语文的尊严[M].太原：山西教育出版社,2014.
7. 马正平.高等写作思维训练教程[M].北京：中国人民大学出版社,2002.
8. 段建军、李伟.新编写作思维学教程[M].上海：复旦大学出版社,2015.
9. 朱行能.写作思维学[M].北京：人民出版社,2007.
10. 余党绪.说理与思辨——高考议论文写作指津[M].上海：上海教育出版社,2017.
11. 王琳、朱文浩.结构性思维[M].北京：中信出版集团,2021.
12. [俄]列夫·维果斯基,李维译.思维与语言[M].北京：北京大学出版社,2010.
13. [加]董毓.批判性思维原理和方法[M].北京：高等教育出版社,2010.
14. [日]西村克己,金香兰译.逻辑模型[M].北京：中国青年出版社,2021.
15. [法]古斯塔夫·勒庞,海哲译.乌合之众[M].北京：中国致公出版社,2017.
16. [美]尼尔·波兹曼,章艳译.娱乐至死[M].北京：中信出版社,2015.